Latein mit Felix

Vokabelheft

C. C. Buchner · Oldenbourg

Latein mit Felix

Herausgegeben von Clement Utz und Andrea Kammerer

BAMBERGER WORTSCHATZ

1. Aufl. 1 10 9 8 7 2017 16 15 14
Die letzte Zahl bedeutet das Jahr dieses Druckes.
Alle Drucke dieser Auflage sind, weil untereinander unverändert, nebeneinander benutzbar.

Dieses Werk folgt der reformierten Rechtschreibung und Zeichensetzung. Ausnahmen bilden Texte, bei denen künstlerische, philologische oder lizenzrechtliche Gründe einer Änderung entgegenstehen.

Lektorat: Bernd Weber
Satz und Gestaltung: Artbox Grafik und Satz GmbH, Bremen
Druck und Bindung: Pustet, Regensburg

www.ccbuchner.de
www.oldenbourg-schulbuchverlag.de

C.C.Buchner ISBN 978-3-7661-**5055**-4
Oldenbourg ISBN 978-3-637-**00305**-7

Liebe Schülerinnen und Schüler!

Dieses Vokabelheft soll euch dabei helfen, den lateinischen Wortschatz zu lernen und zu wiederholen. Es enthält lektionsweise die gleichen Wörter und Wendungen wie euer Lateinbuch, allerdings in anderer Anordnung.

Die Vokabeln sind nach Wortarten und – wo dies möglich ist – nach Deklinations- bzw. Konjugationsklassen gegliedert. Ihr findet also zuerst die Substantive, Adjektive und Pronomina, dann die Verben, schließlich Adverbien, Konjunktionen, Subjunktionen usw. Wendungen sind jeweils am Ende aufgeführt. Durch diese Anordnung könnt ihr euch die „grammatischen Eigenschaften" der Vokabeln besser einprägen und die sprachliche Einordnung wird euch bewusst.

Neben dieser lernfreundlichen Anordnung des Wortschatzes haben wir ein bequemes „Hosentaschenformat" gewählt, damit ihr das **Latein mit Felix**-Vokabelheft überallhin mitnehmen könnt. Ihr wisst ja, die Kenntnis der Wörter ist die wichtigste Voraussetzung für das Erlernen einer Sprache, besonders für das Übersetzen.

Vor allem aber sollt ihr dieses Vokabelheft zum Wiederholen des Wortschatzes verwenden.

Dazu ein paar Tipps:

1. Lernt jeden Wortschatz immer gleich, wenn ihr ihn im Unterricht behandelt habt, ganz genau und merkt euch immer alle deutschen Bedeutungen.
2. Prägt euch die Wörter nicht nur über die Augen ein, sondern sprecht sie auch laut, damit ihr sie über die Ohren aufnehmt! Vokabeln, die ihr euch schwer merken könnt, solltet ihr auch schreiben.
3. Wiederholt jeden Wortschatz möglichst noch in derselben Woche, in der ihr ihn gelernt habt, ein erstes Mal.
4. Wiederholt dann in regelmäßigen Abständen weiter zurückliegende Wortschätze nach einem festen Plan! Erst wenn ihr ein Wort auch bei der fünften Wiederholung noch beherrscht, könnt ihr euch sicher sein, dass es gut im Gedächtnis verankert ist.
5. Nutzt Hilfen zum Lernen und Wiederholen: Fragt euch gegenseitig ab, sprecht die Vokabeln auf Kassette, schreibt sie auf Karteikarten oder arbeitet mit einem PC-Programm:
   Der **Latein mit Felix**-Wortschatz kann mit dem Vokabeltrainer „Memodux" gelernt, geübt und wiederholt werden.

Da oft gerade die Stammformen der Verben Schwierigkeiten bereiten, sind diese in einem Anhang zum Nachschlagen und zum Wiederholen zusammengestellt. Ihr findet dort diejenigen Verben aus **Latein mit Felix**, deren Stammformen „unregelmäßig" und schwierig erscheinen.

Anordnung der einzelnen Wortarten:

1. Substantive
2. Adjektive
3. Pronomina (mit Pronominaladjektiven)
4. Numeralia (Zahlwörter)

5. Verben
6. Adverbien
7. Fragewörter

8. Konjunktionen
9. Subjunktionen

10. Präpositionen

11. Interjektionen (Ausrufe)
12. Wendungen

1

1

basilica	Markthalle, Gerichtshalle
cūria	Kurie *(Sitzungsgebäude des Senats)*
domina	Hausherrin, Dame
fīlia	Tochter
Rōma	Rom
serva	Sklavin, Dienerin
statua	Statue, Standbild
dominus	Hausherr, Herr
fīlius	Sohn
servus	Sklave, Diener
forum	Forum, Marktplatz
monumentum	Denkmal
templum	Tempel, heiliger Ort

2

1

amīca	Freundin
porta	Tor
taberna	Laden, Wirtshaus

amīcus	Freund

5

intérrogat	er (sie, es) fragt
properat	er (sie, es) eilt, beeilt sich
salūtat	er (sie, es) (be)grüßt
gaudet	er (sie, es) freut sich
patet	er (sie, es) steht offen, erstreckt sich
salvē/salvēte	Sei gegrüßt!/Seid gegrüßt! Guten Tag!
est	er (sie, es) ist
sunt	sie sind
adest	er (sie, es) ist da; hilft

6

hīc *Adv.*	hier
iam *Adv.*	nun; schon, bereits
ibī *Adv.*	dort

7

ubī?	wo?

8

et	und, auch
sed	aber, sondern

3

1

mercātor *m*	Kaufmann, Händler
senātor *m*	Senator

5

cessat	er (sie, es) zögert, rastet
exspectat	er (sie, es) wartet, erwartet
intrat	er (sie, es) betritt, tritt ein
labōrat	er (sie, es) arbeitet, strengt sich an
videt	er (sie, es) sieht
adsunt	sie sind da, helfen

6

nōn *Adv.*	nicht
nunc *Adv.*	jetzt, nun
paulum *Adv.*	ein wenig
tandem *Adv.*	endlich

7

cūr?	warum?
quid?	was?

8

etiam	auch, sogar
nam	denn, nämlich

4

	1
populus	Volk, Volksmenge (die Leute)
	3
nēmō	niemand
	5
clāmat	er (sie, es) ruft laut, schreit
stat	er (sie, es) steht
placet	er (sie, es) gefällt
rīdet	er (sie, es) lacht, lacht aus
sedet	er (sie, es) sitzt
tacet	er (sie, es) schweigt, verschweigt
accēdit	er (sie, es) kommt herbei, kommt hinzu
mittit	er (sie, es) lässt los, schickt; wirft
	6
diū *Adv.*	lange (Zeit)
nōndum *Adv.*	noch nicht
prope *Adv.*	nahe, in der Nähe; beinahe
statim *Adv.*	auf der Stelle, sofort
tum *Adv.*	da, damals, dann, darauf
	7
quis?	wer?

5

1

Rōmānus	Römer
argentum	Silber
aurum	Gold
ōrnāmentum	Schmuck(stück)

5

spectat	er (sie, es) betrachtet, sieht hin
vocat	er (sie, es) nennt, benennt, ruft
iacet	er (sie, es) liegt
emit	er (sie, es) kauft
quaerit	er (sie, es) sucht; will erwerben; fragt
est	es gibt

6

intus *Adv.*	im Inneren, innen
itaque *Adv.*	deshalb

8

et ... et	sowohl ... als auch

6

1

pecūnia	Geld, Vermögen
puella	Mädchen, Freundin
equus	Pferd
frūmentum	Getreide
clāmor *m*	Geschrei, Lärm

5

aedificat	er (sie, es) baut
amat	er (sie, es) liebt
dat	er (sie, es) gibt
portat	er (sie, es) bringt, trägt
sollicitat	er (sie, es) hetzt auf, beunruhigt, erregt
retinet	er (sie, es) hält zurück, behält, hält fest
timet	er (sie, es) hat Angst, fürchtet
discēdit	er (sie, es) geht weg, geht auseinander
petit	er (sie, es) sucht (auf), (er)strebt, bittet, verlangt
tangit	er (sie, es) berührt

6

subitō *Adv.*	plötzlich

7

1

turba	Menschenmenge; Lärm, Verwirrung
locus	Ort, Platz, Stelle
verbum	Wort, Äußerung

5

violat	er (sie, es) verletzt, entehrt
sustinet	er (sie, es) erträgt, hält stand
dēpōnit	er (sie, es) legt nieder, legt ab
dīmittit	er (sie, es) schickt weg, entlässt, gibt auf

6

dēnique *Adv.*	schließlich, zuletzt
imprīmīs *Adv.*	besonders, vor allem

9

dum *Subj.*	während, solange, (so lange) bis

12

cūriam petit	er (sie, es) sucht die Kurie auf, eilt zur Kurie
locum dat	er (sie, es) macht Platz
nōn iam	nicht mehr

8

1

via	Straße, Weg
cōnsilium	Beratung; Beschluss, Plan, Rat
negōtium	Aufgabe, Geschäft; Angelegenheit
pretium	Preis, Wert

5

probat	er (sie, es) prüft, beweist, befindet für gut
habet	er (sie, es) hat, hält
agit	er (sie, es) handelt, treibt, verhandelt
compōnit	er (sie, es) verfasst, ordnet
comprehendit	er (sie, es) ergreift, nimmt fest, begreift
dēscendit	er (sie, es) steigt herab
reprehendit	er (sie, es) kritisiert, schimpft

6

adhūc *Adv.*	bis jetzt, noch
profectō *Adv.*	sicherlich, tatsächlich
semper *Adv.*	immer
tamen *Adv.*	dennoch, jedoch

8

modo ... modo	manchmal ... manchmal, bald ... bald

10

ā/ab *m. Abl.*	von, von ... her
ad *m. Akk.*	an, bei, nach, zu
cum *m. Abl.*	mit, zusammen mit
dē *m. Abl.*	von, von ... her, von ... herab; über
ē/ex *m. Abl.*	aus, von ... her
in *m. Abl.*	in, an, auf, bei *(wo?)*
in *m. Akk.*	in (... hinein), nach (... hin), auf, gegen *(wohin?)*

11

ecce	schau/schaut, sieh da/ seht da!

12

cōnsilium habet	er (sie, es) hält eine Beratung ab
dē pretiō agit	er (sie, es) verhandelt über den Preis
negōtia agit	er (sie, es) geht (seinen) Geschäften nach

9

		1
fēmina	Frau	
umerus	Schulter, Oberarm	
arbor, arborem *f*	Baum	
labor, labōrem *m*	Anstrengung, Arbeit	
līctor, līctōrem *m*	Liktor	
timor, timōrem *m*	Angst, Furcht	
		5
prohibet (ā/ab)	er (sie, es) hält ab, hält fern (von); hindert (an)	
quiēscit	er (sie, es) ruht (aus), schläft	
		6
domum *Adv.*	nach Hause, heim *(wohin?)*	
hūc *Adv.*	hierher	
illūc *Adv.*	dahin, dorthin	
intereā *Adv.*	inzwischen, unterdessen	
ita *Adv.*	so	
procul *Adv.*	von fern, weit weg	
		10
sine *m. Abl.*	ohne	
		12
nōn modo ... sed etiam	nicht nur ... sondern auch	

10

		1
āra	Altar	
dea	Göttin	
flamma	Flamme, Feuer	
iniūria	Unrecht, Beleidigung	
auxilium	Hilfe	
fūr, fūrem *m/f*	Dieb; Diebin	
		5
dubitāre	zweifeln; zögern	
līberāre	befreien, freilassen	
servāre *(ā m. Abl.)*	bewahren, retten (vor)	
dēbēre	müssen, sollen	
monēre	(er)mahnen	
pārēre	gehorchen, sich richten nach	
studēre	sich bemühen	
pōscere	fordern, verlangen	
esse	sein, sich befinden	
dēesse	abwesend sein, fehlen	
		6
enim *Adv. (nachgestellt)*	nämlich, in der Tat	
		8
neque	und nicht, auch nicht, nicht einmal	

11

1

nūptiae, nūptiās *f Pl.*	Hochzeit
marītus	Ehemann
scelerātus	Verbrecher
dōnum	Geschenk

3

egō	ich

5

dēlectāre, dēlectō	erfreuen, unterhalten
dēsīderāre, dēsīderō	sich sehnen nach, vermissen
dōnāre, dōnō	schenken
parāre, parō	(vor)bereiten, vorhaben; erwerben
valē	Leb wohl!
valēte	Lebt wohl!

6

bene *Adv.*	gut
certē *Adv.*	gewiss, sicherlich
item *Adv.*	ebenso, gleichfalls
rēctē *Adv.*	geradeaus, richtig, zu Recht

9

quia *Subj.*	weil
sī *Subj.*	falls, wenn

12

neque ... neque	weder ... noch
pretium quaerere *(ē/ex m. Abl.)*	(jmd.) nach dem Preis fragen

12

1

cibus	Nahrung, Speise
fūrtum	Diebstahl; Hinterlist
perīculum	Gefahr
vīnum	Wein
nex, necem *f*	Mord, (gewaltsamer) Tod
plēbs, plēbem *f*	(nicht adeliges, einfaches) Volk
senex, senem *m*	Greis, alter Mann
vōx, vōcem *f*	Stimme; Äußerung, Laut

5

ōrāre, ōrō	bitten
audīre, audiō	hören
scīre, sciō	wissen, kennen, verstehen
sentīre, sentiō	fühlen, meinen, wahrnehmen
venīre, veniō	kommen
appetere, appetō	haben wollen, erstreben
quaesō	bitte!

6

immō *Adv.*	im Gegenteil, ja sogar
iterum *Adv.*	wiederum

7

nōnne	etwa nicht? denn nicht?

8

autem *(nachgestellt)*	aber, andererseits

11

heus	He! Pass auf!

12

necēs parāre	Mordanschläge vorbereiten
neque tamen	und trotzdem nicht

13

1

grātia	Dank, Gefälligkeit; Ansehen, Beliebtheit
umbra	Schatten
deus	Gott, Gottheit
simulācrum	Bild, Schatten (eines Toten)
comes, comitem *m/f*	Begleiter(in), Gefährte, Gefährtin
cūstōs, cūstōdem *m/f*	Wächter(in)

sōl, sōlem *m*	Sonne
	3
tū	du
	5
narrāre, narrō	erzählen
manēre, maneō	bleiben, (er)warten
colere, colō	bewirtschaften, pflegen; verehren
dīcere, dīcō	sagen, sprechen
occurrere, occurrō	begegnen, entgegentreten
ostendere, ostendō	zeigen, erklären
prōmittere, prōmittō	versprechen
	6
libenter *Adv.*	gern
mox *Adv.*	bald
quidem *Adv.*	freilich, gewiss, wenigstens, zwar
saepe *Adv.*	oft
ut *Adv.*	wie
	12
grātiās agere	danken

14

1

aqua	Wasser
cēna	Mahlzeit, Essen
silva	Wald
venia	Gefallen; Nachsicht, Verzeihung
vāsa, vāsa *n Pl.*	Gefäße
vitium	Fehler, schlechte Eigenschaft
hospes, hospitem *m*	Fremder; Gast, Gastgeber
pēs, pedem *m*	Fuß

3

mihi *Dat.*	mir
nōs *Nom./Akk.*	wir/uns
tibi *Dat.*	dir
vōs *Nom./Akk.*	ihr/euch

5

oportet	es gehört sich, es ist nötig
invenīre, inveniō	finden, erfinden
cadere, cadō	fallen
dēsinere, dēsinō	aufhören
frangere, frangō	zerbrechen *(trans.)*
īgnōscere, īgnōscō	verzeihen
lūdere, lūdō	spielen, scherzen

pellere, pellō	schlagen, (ver)treiben
permittere, permittō	erlauben, überlassen
	6
hodiē *Adv.*	heute
	12
veniam dare	verzeihen

15

	1
aura	Luft(zug)
epistula	Brief
familia	Familie, Hausgemeinschaft
īnsula	Insel; Wohnblock
nātūra	Beschaffenheit, Natur, Wesen
vīlla	Haus, Landhaus
avus	Großvater
mūrus	Mauer
vīcus	Dorf, Gasse
tēctum	Dach, Haus
	5
laudāre, laudō	loben
movēre, moveō	bewegen
dūcere, dūcō	führen, ziehen

relinquere, relinquō	zurücklassen, verlassen

6

paulō post *Adv.*	(ein) wenig später
prīmum *Adv.*	erstens, zuerst, zum ersten Mal

16

1

fābula	Erzählung, Geschichte, Theaterstück
tenebrae, tenebrārum *f Pl.*	Dunkelheit, Finsternis
ager, agrī *m*	Acker, Feld, Gebiet
līberī, līberōrum *m Pl.*	Kinder
minister, ministrī *m*	Diener, Gehilfe
puer, puerī *m*	Junge, Bub
vir, virī *m*	Mann
vesper, vesperī *m*	Abend; Westen
familiāris, familiāris *m (Gen. Pl.* -ium*)*	Freund
fōns, fontis *m (Gen. Pl.* -ium*)*	Quelle, Ursprung
mōns, montis *m (Gen. Pl.* -ium*)*	Berg
nox, noctis *f (Gen. Pl.* -ium*)*	Nacht
urbs, urbis *f (Gen. Pl.* -ium*)*	Stadt, Hauptstadt (Rom)

5

cēnāre, cēnō	essen
arcessere, arcessō	herbeirufen, holen
prōcēdere, prōcēdō	(vorwärts)gehen, vorrücken
vendere, vendō	verkaufen
posse, possum	können

6

deinde *Adv.*	dann, darauf
prīmō *Adv.*	zuerst
scīlicet *Adv.*	freilich, natürlich, selbstverständlich

12

nōn dēbēre	nicht dürfen

17

1

arēna	Sand, Kampfplatz, Arena
faber, fabrī *m*	Arbeiter, Handwerker
saxum	Fels, Stein

2

antīquus, a, um	alt, altertümlich
dūrus, a, um	hart
laetus, a, um	froh, fröhlich

medius, a, um	der mittlere, in der Mitte (von)
miser, misera, miserum	arm, unglücklich, erbärmlich
nōnnūllī, ae, a	einige, manche
parvus, a, um	klein, gering
paucī, ae, a	wenige
probus, a, um	anständig, gut; tüchtig
pulcher, pulchra, pulchrum	schön
rūsticus, a, um	ländlich
varius, a, um	bunt, verschieden, vielfältig

4

---

nūllus, a, um *(Gen.* nūllīus, *Dat.* nūllī*)*	kein
ūnus, a, um *(Gen.* ūnīus, *Dat.* ūnī*)*	ein(er), ein einziger

5

---

imperāre, imperō *(m. Dat.)*	befehlen, herrschen (über)
ārdēre, ārdeō	brennen
pergere, pergō	aufbrechen; weitermachen

12

---

iterum atque iterum	immer wieder
mediā in viā	mitten auf der Straße
ūnus ē/ex	einer von
viam dare	Platz machen
vīlla rūstica	Landgut

18

1

causa	Sache, Ursache, Grund
aedificium	Gebäude
bōs, bovis *m/f*	Kuh, Ochse, Rind

2

contentus, a, um	zufrieden
magnus, a, um	groß, bedeutend
multus, a, um	viel
vāstus, a, um	riesig; menschenleer, verwüstet

5

cūrāre, cūrō *(m. Akk.)*	pflegen, sorgen für
īgnōrāre, īgnōrō	nicht kennen, nicht wissen
tenēre, teneō	halten, festhalten, besitzen
terrēre, terreō	erschrecken *(trans.)*
attingere, attingō	berühren
resistere, resistō	stehenbleiben; Widerstand leisten
cupere, cupiō	verlangen, wünschen, wollen
facere, faciō	machen, tun, handeln

6

numquam *Adv.*	niemals
quoque *Adv. (nachgestellt)*	auch

tam *Adv.*	so
	8
namque	denn, nämlich
-que *(angehängt)*	und
	12
magnā vōce	mit lauter Stimme
multa, multōrum *n Pl.*	viel(es)

19

	1
incendium	Brand, Feuer
condiciō, condiciōnis *f*	Bedingung, Lage
corpus, corporis *n*	Körper, Leichnam
crīmen, crīminis *n*	Beschuldigung, Vorwurf, Verbrechen
latus, lateris *n*	Flanke, Seite
mūnus, mūneris *n*	Aufgabe; Geschenk
onus, oneris *n*	Last, Belastung
pecus, pecoris *n*	Vieh; Tier
suspīciō, suspīciōnis *f*	Verdacht, Vermutung
vulnus, vulneris *n*	Wunde, Verlust *(milit.)*
	2
acerbus, a, um	bitter, grausam, rücksichtslos

alius, alia, aliud (*Gen.* alterīus)	ein anderer
cēterī, ae, a	die übrigen
malus, a, um	schlecht, schlimm
sinister, sinistra, sinistrum	links; trügerisch, falsch
	3
meus, a, um	mein
	5
indicāre, indicō	anzeigen, melden
ēdūcere, ēdūcō	herausführen
exstinguere, exstinguō	auslöschen, vernichten
incendere, incendō	entflammen, in Brand stecken
suscipere, suscipiō *m. Akk.*	auf sich nehmen, sich (einer Sache) annehmen, unternehmen
velle, volō	wollen
	6
forās *Adv.*	heraus, hinaus *(wohin?)*
haud *Adv.*	nicht
rārō *Adv.*	selten
	12
aliī ... aliī	die einen ... die anderen

20

		1
vīta	Leben, Lebensweise	
annus	Jahr	
homō, hominis *m*	Mensch	
pater, patris *m*	Vater	
		2
bonus, a, um	gut	
		3
tuus, a, um	dein	
noster, nostra, nostrum	unser	
quī, quae, quod	der, die, das; welcher, welche, welches	
vester, vestra, vestrum	euer	
		5
agitāre, agitō	(be)treiben, überlegen	
possidēre, possideō	besitzen	
alere, alō, aluī	ernähren, großziehen	
		6
quam *Adv.*	als, wie	
		12
nōn īgnōrāre	gut kennen, wohl wissen	
tam ... quam	so ... wie	
vītam agere	sein Leben verbringen/führen	

21

1

hōra	Stunde, Zeit
patria	Heimat
bellum	Krieg
calamitās, calamitātis *f*	Schaden, Unglück
mīles, mīlitis *m*	Soldat
nātiō, nātiōnis *f*	Volk, Volksstamm

2

parcus, a, um	sparsam
Rōmānus, a, um	römisch

5

pūgnāre, pūgnō	kämpfen
iubēre, iubeō *(m. Akk.)*	anordnen, befehlen
respondēre, respondeō	antworten, entsprechen
gerere, gerō	tragen, ausführen, führen
opprimere, opprimō	bedrohen, niederwerfen, unterdrücken
abesse, absum *(ā m. Abl.)*	abwesend sein (von), fehlen

12

multōs annōs	viele Jahre (lang) *(wie lange?)*
nōn sōlum ... sed etiam	nicht nur ... sondern auch

22

1

nūntius	Bote, Nachricht
oppidum	Stadt
cinis, cineris *m*	Asche
salūs, salūtis *f*	Gesundheit, Glück, Rettung; Gruß

2

angustus, a, um	eng, schwierig
novus, a, um	neu, ungewöhnlich
saevus, a, um	schrecklich, wild, wütend

3

nihil	nichts

5

necāre, necō	töten
dēlēre, dēleō, dēlēvī	zerstören, vernichten
audīre, audiō, audīvī	hören
sentīre, sentiō, sēnsī	fühlen, meinen, wahrnehmen
dēcēdere, dēcēdō, dēcessī	weggehen; sterben
discēdere, discēdō, discessī	weggehen, auseinandergehen
exstinguere, exstinguō, exstīnxī	auslöschen, vernichten

tegere, tegō, tēxī	bedecken, schützen, verbergen
effugere, effugiō *m. Akk.*	entfliehen, entkommen
esse, sum, fuī	sein, sich befinden
posse, possum, potuī	können
velle, volō, voluī	wollen

10

extrā *m. Akk.*	außerhalb (von)
sub *m. Abl.*	unten an/bei, unter *(wo?)*

12

dē vītā dēcēdere	sterben, umkommen
mala, malōrum *n Pl.*	Schlechtes; schlimme Dinge

23

1

fortūna	Schicksal, Glück
terra	Erde, Land
animus	Geist, Gesinnung, Mut
caelum	Himmel
studium	Beschäftigung, Engagement, Interesse
lītus, lītoris *n*	Strand, Küste
classis, classis *f (Gen. Pl. -ium)*	Abteilung, Flotte

nāvis, nāvis *f (Gen. Pl.* -ium*)*	Schiff

2

---

opportūnus, a, um	geeignet, günstig
āter, ātra, ātrum	schwarz, düster
familiāris, e	freundschaftlich, vertraut
fortis, e	kräftig, tapfer
nōbilis, e	berühmt, adelig, vornehm
omnis, e	ganz, jeder; *Pl.* alle
similis, e *m. Gen./Dat.*	ähnlich
trīstis, e	traurig, unfreundlich
turpis, e	unanständig, hässlich, schändlich

5

---

iubēre, iubeō, iussī	anordnen, befehlen
studēre, studeō	sich bemühen, sich (wissenschaftlich) beschäftigen
accēdere, accēdō, accessī	herbeikommen, hinzukommen
cognōscere, cognōscō, cognōvī	erkennen, kennenlernen; *Perf.* kennen, wissen
petere, petō, petīvī	(auf)suchen, (er)streben, bitten, verlangen
quiēscere, quiēscō, quiēvī	(aus)ruhen, schlafen
regere, regō, rēxī	beherrschen, leiten, lenken
vīvere, vīvō, vīxī	leben

		6
posteā *Adv.*	nachher, später	
		10
super *m. Akk.*	(oben) auf, über (... hinaus) *(wohin?)*	

24

		1
tempus, temporis *n*	(günstige) Zeit; *Pl.* Umstände	
		2
brevis, e	kurz	
		4
tot *indekl.*	so viele	
		5
cōnstat	es ist bekannt, es steht fest	
exīstimāre, exīstimō	einschätzen, meinen	
mūtāre, mūtō	(ver)ändern, verwandeln	
putāre, putō	glauben, meinen	
contendere, contendō *(m. AcI)*	behaupten	
quaerere, quaerō, quaesīvī (ex/dē *m. Abl.*)	suchen; erwerben wollen; (jmd.) fragen	
aspicere, aspiciō, aspexī	erblicken	

	10
post *m. Akk.*	hinter, nach
	12
brevī tempore	nach kurzer Zeit, bald (darauf)

25

	1
thermae, thermārum *f Pl.*	Thermen, Badeanlage
lūdus	Spiel; Schule
amphitheātrum	Amphitheater
theātrum	Theater
gladiātor, gladiātōris *m*	Gladiator, Schwertkämpfer
nōmen, nōminis *n*	Name
sermō, sermōnis *m*	Gespräch, Sprache, Äußerung, Gerede
	2
longus, a, um	lang, weit
commūnis, e	gemeinsam, allgemein
	5
stāre, stō, stetī	stehen
manēre, maneō, mānsī	bleiben, (er)warten
rīdēre, rīdeō, rīsī	lachen, auslachen
vidēre, videō, vīdī	sehen

pervenīre, perveniō, pervēnī *(ad/in m. Akk.)*	kommen zu/nach
reperīre, reperiō, repperī	(wieder)finden
venīre, veniō, vēnī	kommen
cadere, cadō, cécidī	fallen
currere, currō, cucurrī	eilen, laufen
dēscendere, dēscendō, dēscendī	herabsteigen
lūdere, lūdō, lūsī	spielen, scherzen
occidere, occidō, occidī	umkommen, untergehen
occurrere, occurrō, occurrī	begegnen, entgegentreten
tangere, tangō, tétigī	berühren
vincere, vincō, vīcī	(be)siegen, übertreffen
vincere *m. Abl.*	übertreffen an
effugere, effugiō, effūgī *m. Akk.*	entfliehen, entkommen
adesse, adsum, adfuī	da sein; helfen

6

---

nūper *Adv.*	neulich, vor kurzem

10

---

apud *m. Akk.*	bei, nahe bei
per *m. Akk.*	durch, hindurch

12

---

hūc et illūc	hin und her

26

	1
memoria	Erinnerung, Gedächtnis; Zeit
sententia	Meinung, Satz, Sinn, Antrag (im Senat)
libellus	kleines Buch, Heft
modus	Art, Weise; Maß
sīgnum	Merkmal, Zeichen
āctiō, āctiōnis *f*	Tätigkeit, Gerichtsverhandlung, Rede
caedēs, caedis *f* *(Gen. Pl.* -ium*)*	Blutbad, Mord
mēns, mentis *f* *(Gen. Pl.* -ium*)*	Geist, Sinn, Verstand; Meinung
	3
is, ea, id	dieser, diese, dieses; er, sie, es
eiusmodī *indekl.*	derartig, so beschaffen
	4
mīlle *Sg. indekl.*	tausend
	5
discere, discō, didicī	lernen, erfahren
intellegere, intellegō, intellēxī	(be)merken, verstehen

6

sōlum *Adv.*	nur

7

an *(im Fragesatz)*	oder (etwa)
-ne	*(unübersetzte Fragepartikel)*

9

nisī *Subj.*	wenn nicht

12

eō modō	auf diese Weise
fābulam agere	ein Theaterstück spielen
memoriā tenēre	im Gedächtnis behalten

27

1

numerus	Zahl, Menge
initium	Anfang, Eingang
arma, armōrum *n Pl.*	Waffen
iuvenis, iuvenis *m*	jung; *Subst.* junger Mann
multitūdō, multitūdinis *f*	große Zahl, Menge

2

praeclārus, a, um	großartig

3

sē *Akk.*	sich

sēcum	mit sich, bei sich
suus, sua, suum	ihr, sein
sua *n Pl.*	sein/ihr Besitz
suī *m Pl.*	seine/ihre Leute
	4
decem *indekl.*	zehn
	5
damnāre, damnō	verurteilen
iūdicāre, iūdicō	beurteilen, urteilen
iuvāre, iuvō, iūvī	unterstützen, erfreuen
temptāre, temptō	angreifen; prüfen, versuchen
volāre, volō	fliegen, eilen
flēre, fleō, flēvī	beklagen, (be)weinen
dēfendere, dēfendō, dēfendī	abwehren, verteidigen
dīcere, dīcō, dīxī	sagen, sprechen
facere, faciō, fēcī	machen, tun, handeln
	8
aut	oder
	12
Rōmam	nach Rom *(wohin?)*

28

1

dolus	List, Täuschung
socius	Gefährte, Verbündeter
māter, mātris *f*	Mutter
uxor, uxōris *f*	Ehefrau

2

cūnctī, ae, a	alle (zusammen)
tūtus, a, um	sicher

5

aperīre, aperiō, aperuī	aufdecken, öffnen
abdūcere, abdūcō, abdūxī	wegführen
colligere, colligō, collēgī	sammeln
dūcere, dūcō, dūxī	führen, ziehen
ēdūcere, ēdūcō, ēdūxī	herausführen
capere, capiō, cēpī	fassen, nehmen, erhalten; erobern

6

frūstrā *Adv.*	vergeblich
occultē *Adv.*	heimlich

8

ac/atque	und, und auch

9

postquam *Subj. m. Perf.*	nachdem, als

quamquam *Subj.*	obwohl

29

	1
glōria	Ehre, Ruhm
imperium	Befehl, Befehlsgewalt; Herrschaft, Herrschaftsgebiet
caput, capitis *n*	Kopf, Hauptstadt
orbis, orbis *m*	Kreis(lauf); Erdkreis, Welt
pāx, pācis *f*	Frieden
rēx, rēgis *m*	König
ars, artis *f (Gen. Pl.* -ium*)*	Fertigkeit, Kunst; *Pl.* Eigenschaften
fīnis, fīnis *m (Gen. Pl.* -ium*)*	Ende, Grenze; Ziel, Zweck; *Pl.* Gebiet

	2
futūrus, a, um	zukünftig
posterus, a, um	folgend
superbus, a, um	stolz, überheblich

	5
dēmōnstrāre, dēmōnstrō	beweisen, darlegen
superāre, superō	besiegen, übertreffen
superāre *m. Abl.*	übertreffen an

temperāre, temperō *m. Dat.*	maßvoll gebrauchen, zurückhalten, schonen
augēre, augeō, auxī	vergrößern, vermehren
condere, condō, condidī	verwahren, verbergen; erbauen, gründen

10

inter *m. Akk.*	unter, während, zwischen

12

futūra, futūrōrum *n Pl.*	Zukunft
mihi placet	mir gefällt es, ich beschließe
orbis terrārum	Erde, Welt
posterī, posterōrum *m Pl.*	Nachkommen

30

1

īra	Zorn
praeda	Beute
somnus	Schlaf
supplicium	Hinrichtung, Strafe; flehentliches Bitten
vinculum	Band, Fessel; *Pl.* Gefängnis
frāter, frātris *m*	Bruder
nepōs, nepōtis *m*	Enkel

virgō, virginis *f*	Mädchen
virtūs, virtūtis *f*	Tapferkeit, Tüchtigkeit, Vortrefflichkeit, Leistung; *Pl.* gute Eigenschaften, Verdienste
adulēscēns, adulēscentis *m* (*Gen. Pl.* -ium)	jung; *Subst.* junger Mann
	2
falsus, a, um	falsch
scelerātus, a, um	verbrecherisch; *Subst.* Verbrecher
	4
duo, duae, duo	zwei
	5
contendere, contendō	behaupten; kämpfen, sich anstrengen
dīvidere, dīvidō, dīvīsī	teilen, trennen
cupere, cupiō, cupīvī	verlangen, wünschen, wollen
rapere, rapiō, rapuī	rauben, wegführen, wegreißen
	6
falsō *Adv.*	fälschlich
	10
prō *m. Abl.*	vor; anstelle von, für; entsprechend

12

in vincula dare	in Fesseln legen, fesseln

31

1

rīpa	Ufer
victōria	Sieg
iūdicium	Gericht; Urteil
rēgnum	(Königs-)Herrschaft, Reich

2

idōneus, a, um	geeignet, passend
ācer, ācris, ācre	energisch, heftig, scharf
celer, celeris, celere	schnell
fēlīx, fēlīcis	glücklich, erfolgreich, glückbringend
ingēns, ingentis	gewaltig, ungeheuer
potēns, potentis	mächtig, stark
recēns, recentis	frisch, neu
vehemēns, vehementis	energisch, heftig

4

duodecim *indekl.*	zwölf
sex *indekl.*	sechs

5

invenīre, inveniō, invēnī	finden, erfinden
alere, alō, aluī	ernähren, großziehen
concēdere, concēdō, concessī	erlauben, nachgeben, zugestehen
contendere, contendō, contendī	behaupten; kämpfen, sich anstrengen; eilen
sapere, sapiō	Verstand haben, Geschmack haben

6

tantum *Adv.*	nur

12

neque enim	denn nicht

32

1

licentia	Freiheit, Willkür
tyrannus	Tyrann, Gewaltherrscher
bonum *n*	das Gut(e), Besitz
amor, amōris *m*	Liebe
crūdēlitās, crūdēlitātis *f*	Grausamkeit
ōmen, ōminis *n*	Vorzeichen
soror, sorōris *f*	Schwester
animal, animālis *n* (*Gen. Pl.* -ium)	Lebewesen, Tier

hostis, hostis *m/f* (*Gen. Pl.* -ium)	Feind (Landesfeind)
mare, maris *n* (*Gen. Pl.* -ium)	Meer
moenia, moenium *n Pl.*	(Stadt-)Mauern
serpēns, serpentis *m/f* (*Gen. Pl.* -ium)	Schlange
turris, turris *f* (*Gen. Pl.* -ium)	Turm
vīs, *Akk.* vim, *Abl.* vī *f*	Gewalt, Kraft, Menge
vīrēs, vīrium *f Pl.*	Streitkräfte

4

septimus, a, um	der siebte

5

dare, dō, dedī	geben
nōmināre, nōminō	nennen, benennen
movēre, moveō, mōvī	bewegen
pertinēre, pertineō (ad *m. Akk.*)	betreffen, gehören (zu)
ostendere, ostendō, ostendī	zeigen, erklären
prōmittere, prōmittō, prōmīsī	versprechen

6

ultrō *Adv.*	freiwillig, noch dazu

12

bona, bonōrum *n Pl.*	Güter, Besitz
terrā marīque	zu Wasser und zu Lande

33

1

carmen, carminis *n*	Gedicht, Lied
cāsus, cāsūs *m*	Fall, Zufall
cursus, cursūs *m*	Lauf
impetus, impetūs *m*	Angriff, Schwung
manus, manūs *f*	Hand; Schar (von Bewaffneten)
metus, metūs *m*	Angst
sēnsus, sēnsūs *m*	Gefühl, Sinn, Verstand
spīritus, spīritūs *m*	Atem, Seele
ūsus, ūsūs *m*	Benutzung, Nutzen, Gebrauch
vultus, vultūs *m*	Gesicht, Gesichtsausdruck; *Pl.* Gesichtszüge

2

adversus, a, um	entgegengesetzt, feindlich
plūs, plūris	mehr

5

respondēre, respondeō, respondī	antworten, entsprechen
valēre, valeō, valuī	Einfluss haben; gesund sein, stark sein
agere, agō, ēgī	handeln, treiben, verhandeln

perficere, perficiō, perfēcī	erreichen, fertigstellen, vollenden

10

contrā *m. Akk.*	gegen

12

plūs ... quam	mehr ... als
magna, magnōrum *n Pl.*	Großes, große Werke

34

1

poena	Strafe
tēlum	(Angriffs-)Waffe, Geschoss
īgnis, īgnis *m*	Feuer
pectus, pectoris *n*	Brust, Herz
regiō, regiōnis *f*	Gebiet, Gegend, Richtung

2

crūdēlis, e	grausam
difficilis, e	schwierig

5

torquēre, torqueō, torsī	drehen, schleudern, quälen
incendere, incendō, incendī	entflammen, in Brand stecken
mittere, mittō, mīsī	(los)lassen, schicken; werfen

permittere, permittō, permīsī	erlauben, überlassen
afficere, afficiō, affēcī *m. Abl.*	versehen mit
interficere, interficiō, interfēcī	töten, vernichten

6

quondam *Adv.*	einmal, einst; manchmal

12

auxiliō venīre	zu Hilfe kommen

35

1

cōpia	Menge, Möglichkeit, Vorrat; *Pl.* Truppen
pars, partis *f (Gen. Pl.* -ium*)*	Teil, Seite, Richtung
aestus, aestūs *m*	Hitze
diēs, diēī	*f* Termin; *m* Tag
fidēs, fideī *f*	Glaube, Treue, Vertrauen, Zuverlässigkeit
rēs, reī *f*	Angelegenheit, Ding, Sache
spēs, speī *f*	Hoffnung

2

dexter, dext(e)ra, dext(e)rum	rechts
ferus, a, um	wild
indīgnus, a, um *m. Abl*	unwürdig *(einer Sache)*

4

centum *indekl.*	hundert
decimus, a, um	der (die, das) zehnte
prīmus, a, um	der (die, das) erste
quārtus, a, um	der (die, das) vierte
quīntus, a, um	der (die, das) fünfte
secundus, a, um	der (die, das) zweite, günstig
tertius, a, um	der (die, das) dritte

5

labōrāre *m. Abl.*	leiden an
mandāre, mandō	einen Auftrag geben, übergeben
dēpōnere, dēpōnō, dēposuī	niederlegen, ablegen
gerere, gerō, gessī	tragen, ausführen, führen
volvere, volvō, volvī	rollen, wälzen; überlegen
āit	behauptet(e) er, sagt(e) er

12

rēs adversae *f Pl.*	Unglück

36

	1
lacrima	Träne
convīvium	Gastmahl, Gelage
auris, auris *f*	Ohr
dolor, dolōris *m*	Schmerz
perniciēs, perniciēī *f*	Verderben, Vernichtung
	2
īnfēlīx, īnfēlīcis	unglücklich
	5
spērāre, spērō	erwarten, hoffen
praebēre, praebeō, praebuī	geben, hinhalten
bibere, bibō, bibī	trinken
comprehendere, comprehendō, comprehendī	ergreifen, festnehmen, begreifen
convertere, convertō, convertī	verändern, (um)wandeln, verwandeln
dēcernere, dēcernō, dēcrēvī	beschließen, entscheiden
fundere, fundō, fūdī	(aus)gießen, zerstreuen
reddere, reddō, reddidī	zurückgeben, etwas zukommen lassen
corripere, corripiō, corripuī	ergreifen, gewaltsam an sich reißen

eō *Adv.*	dorthin; deswegen	6
ō mē miserum!	Oh ich Unglücksrabe! Oh ich Armer!	12

37

unda	Gewässer, Welle	1
ventus	Wind	
vestis, vestis *f*	Kleidung; *Pl.* Kleider	
cōnspectus, cōnspectūs *m*	Anblick, Blickfeld	
ambō, ambae, ambō	beide (zusammen)	4
circumdare, circumdō, circumdedī	umgeben	5
dēspērāre, dēspērō	die Hoffnung aufgeben, verzweifeln	
āmittere, āmittō, āmīsī	aufgeben, verlieren	
dēmittere, dēmittō, dēmīsī	hinabschicken, sinken lassen	
vertere, vertō, vertī	drehen, wenden	
cōnspicere, cōnspiciō, cōnspexī	erblicken	

6

undique *Adv.* — von allen Seiten

7

quō? — wohin

9

cum *Subj. m. Ind.* — als (plötzlich), (zu der Zeit) als, (immer) wenn

10

ante *m. Akk.* — vor

12

animum dēmittere — den Mut verlieren
aurēs dare — zuhören
dē salūte dēspērāre — die Hoffnung auf Rettung aufgeben
necesse est — es ist notwendig

38

1

pūgna — Kampf
exitus, exitūs *m* — Ende, Ausgang

2

ūtilis, e — nützlich

3

alter, altera, alterum *(Gen.* alterīus, *Dat.* alterī*)*	der eine/der andere (von zweien)

5

cōnfīrmāre, cōnfīrmō	bekräftigen, ermutigen, stärken
cōnservāre, cōnservō *(*ā *m. Abl.)*	retten (vor), bewahren
nāvigāre, nāvigō	(mit dem Schiff) fahren, segeln
perterrēre, perterreō	sehr erschrecken, einschüchtern
occīdere, occīdō, occīdī	niederschlagen, töten

6

paene *Adv.*	fast

9

ut	*Adv.* wie; *Subj. m. Ind.* sobald

10

causā *m. Gen. (nachgestellt)*	wegen
intrā *m. Akk.*	innerhalb (von)

12

animum *(m. Gen.)* cōnfīrmāre	(jmd.) ermutigen
aut ... aut	entweder ... oder

39

1

āla	Flügel
laetitia	Freude
penna	Feder
captīvus	(Kriegs-)Gefangener
āēr, āeris *m*	Luft
avis, avis *f*	Vogel

2

captīvus, a, um	gefangen

5

dēlēre, dēleō, dēlēvī, dēlētum	zerstören, vernichten
docēre, doceō, docuī, doctum	lehren, unterrichten
pendēre, pendeō, pependī	(herab)hängen, schweben
claudere, claudō, clausī, clausum	abschließen, einschließen
colligere, colligō, collēgī, collēctum	sammeln
relinquere, relinquō, relīquī, relictum	zurücklassen, verlassen
capere, capiō, cēpī, captum	fassen, nehmen, erhalten; erobern

facere, faciō, fēcī, factum	machen, tun, handeln
respicere, respiciō, respexī, respectum	zurückblicken, berücksichtigen
inquam *(3. Pers. Sg.* inquit*)*	sag(t)e ich

6

aliter *Adv.*	anders; sonst
igitur *Adv.*	also, folglich
modo *Adv.*	nur

7

quot	wie viele

40

1

oculus	Auge
membrum	Glied, Körperteil
frōns, frontis *f*	Stirn, Vorderseite
frūctus, frūctūs *m*	Ertrag, Frucht, Nutzen

2

altus, a, um	hoch, tief
amplus, a, um	groß, weit, bedeutend
īnfestus, a, um	feindlich, feindselig

5

movēre, moveō, mōvī, mōtum	bewegen

perterrēre, perterreō, perterruī, perterritum	sehr erschrecken, einschüchtern
invenīre, inveniō, invēnī, inventum	finden, erfinden
cōnsīdere, cōnsīdō, cōnsēdī, cōnsessum	sich setzen, sich niederlassen
tendere, tendō, tetendī, tentum	spannen, (aus)strecken, sich anstrengen
tollere, tollō, sustulī, sublātum	aufheben, in die Höhe heben, wegnehmen
volvere, volvō, volvī, volūtum	rollen, wälzen; überlegen
corripere, corripiō, corripuī, correptum	ergreifen, gewaltsam an sich reißen

6

iussū	auf Befehl
velut *Adv.*	wie, wie zum Beispiel

12

mediā in fronte	mitten auf der Stirn
nūllō modō	keineswegs, keinesfalls

41

2

stultus, a, um	dumm

dulcis, e	angenehm, süß
mortālis, e	sterblich; *Subst.* Mensch

3

nēmō *(Gen.* nēminis, *Dat.* nēminī, *Akk.* nēminem*)*	niemand, kein(er)

5

perturbāre, perturbō	in Verwirrung bringen
commovēre, commoveō, commōvī, commōtum	bewegen, veranlassen
laedere, laedō, laesī, laesum	beschädigen, verletzen
dēcipere, dēcipiō, dēcēpī, dēceptum	täuschen

6

nimis *Adv.*	(all)zu, (all)zu sehr
vix *Adv.*	kaum, (nur) mit Mühe

7

unde	woher

42

1

rēgīna	Königin
lūx, lūcis *f*	Licht, Tageslicht

2

mortuus, a, um	tot

5

ambulāre, ambulō	spazierengehen
canere, canō, cecinī, cantātum	singen, besingen, (ein Instrument) spielen
neglegere, neglegō, neglēxī, neglēctum	nicht (be)achten, vernachlässigen
nūbere, nūbō, nūpsī, nūpta *m. Dat.*	(jmd.) heiraten
resistere, resistō, restitī	stehenbleiben; Widerstand leisten
interficere, interficiō, interfēcī, interfectum	töten, vernichten
rapere, rapiō, rapuī, raptum	rauben, wegführen, wegreißen

6

forte *Adv.*	zufällig
nē ... quidem *Adv.*	nicht ... einmal

43

1

prōvincia	Provinz
saeculum	Jahrhundert, Menschenalter, Zeit(alter)

castra, castrōrum *n Pl.*	Lager
cohors, cohortis *f*	Kohorte (ca. 600 Mann)
gēns, gentis *f*	Familienverband, Stamm, Volk
mors, mortis *f*	Tod
mōs, mōris *m*	Sitte, Brauch; *Pl.* Charakter
mūnītiō, mūnītiōnis *f*	Bau, Befestigung
aditus, aditūs *m*	Zugang
	2
tōtus, a, um (*Gen.* tōtīus, *Dat.* tōtī)	ganz
	5
collocāre, collocō	aufstellen, unterbringen
terrēre, terreō, terruī, territum	erschrecken
impedīre, impediō, impedīvī, impedītum	hindern, verhindern
cōnscrībere, cōnscrībō, cōnscrīpsī, cōnscrīptum	aufschreiben, verfassen
metuere, metuō, metuī	(sich) fürchten
mittere, mittō, mīsī, missum	(los)lassen, schicken; werfen
	6
adeō *Adv.*	so sehr
	12
ante Chrīstum nātum	vor Christi Geburt

castra collocāre	das Lager aufschlagen
mīlitēs cōnscrībere	Soldaten ausheben
multīs locīs	an vielen Orten
Rōmā	von/aus Rom (weg) *(woher?)*
Rōmae	in Rom *(wo?)*
tōtā Italiā	in ganz Italien
tōtō imperiō	im ganzen Reich

44

1

praemium	Belohnung, Lohn
agmen, agminis *n*	Heereszug, Zug
cīvis, cīvis *m/f (Gen. Pl.* -ium*)*	Bürger(in)
cīvitās, cīvitātis *f*	Gemeinde, Staat, Bürgerrecht
honor/honōs, honōris *m*	Ehre, Ehrenamt
imperātor, imperātōris *m*	Befehlshaber, Feldherr; Kaiser
iter, itineris *n*	Reise, Marsch, Weg
prex, precis *f*	Bitte
mēnsis, mēnsis *m (Gen. Pl.* -ium*)*	Monat

2

pūblicus, a, um	öffentlich, staatlich
salvus, a, um	gesund, unversehrt

5

appellāre, appellō *m. dopp. Akk.*	nennen, bezeichnen (als); anrufen
nūntiāre, nūntiō	melden
putāre *m. dopp. Akk.*	halten für
dīcere *m. dopp. Akk.*	nennen, bezeichnen (als)
dūcere *m. dopp. Akk.*	halten für
emere, emō, ēmī, ēmptum	kaufen
facere *m. dopp. Akk.*	machen zu
parere, pariō, peperī, partum	zur Welt bringen; erwerben, schaffen
suscipere, suscipiō, suscēpī, susceptum *m. Akk.*	auf sich nehmen, sich (einer Sache) annehmen, unternehmen

12

ad rem pūblicam accēdere	sich dem Staatsdienst widmen
capitis damnāre	zum Tode verurteilen
cursus honōrum	Ämterlaufbahn
iter facere	eine Reise machen
rēs pūblica	Staat

45

1

cūra	Sorge, Pflege
ōtium	freie Zeit, Ruhe (von beruflicher Tätigkeit); Frieden
lūmen, lūminis *n*	Licht, Auge

2

clārus, a, um	hell, klar, berühmt
grātus, a, um	dankbar, willkommen, beliebt
iūcundus, a, um	angenehm, erfreulich
līber, lībera, līberum	frei
vērus, a, um	echt, richtig, wahr
grandis, e	alt; bedeutend, groß

5

exercēre, exerceō	üben, trainieren; quälen
convenīre, conveniō, convēnī, conventum *m. Akk.*	besuchen, treffen
condere, condō, condidī, conditum	verwahren, verbergen; erbauen, gründen

6

illīc *Adv.*	dort
interdum *Adv.*	manchmal
equidem *Adv.*	(ich) allerdings, freilich

12

omnia *n Pl.*	alles
sē dare *m. Dat.*	sich widmen

46

1

aedis, aedis *f*	Tempel; *Pl.* Haus
auctōritās, auctōritātis *f*	Ansehen, Einfluss, Macht
opus, operis *n*	Arbeit, Werk
pōns, pontis *m*	Brücke
aquaeductus, aquaeductūs *m*	Wasserleitung
cultus, cultūs *m*	Bildung, Lebensweise; Pflege, Verehrung
magistrātus, magistrātūs *m*	Amt, Beamter

2

lātus, a, um	breit, ausgedehnt

3

tālis, e	derartig, ein solcher, so (beschaffen)

4

mīlle *(Pl.* mīlia, mīlium*)*	tausend

trecentī, ōrum	dreihundert

5

dīvidere, dīvidō, dīvīsī, dīvīsum	teilen, trennen
pergere, pergō, perrēxī	aufbrechen; weitermachen

6

praetereā *Adv.*	außerdem
sīc *Adv.*	so

8

vel	oder, sogar

12

honōre afficī	geehrt werden, Ehre erlangen
mīlia passuum	(mehrere) Meilen
mīlle passūs	eine Meile (ca. 1,5 km; *eigentl.* tausend Doppelschritte)

47

1

culpa	Schuld
exemplum	Beispiel, Vorbild
auctor, auctōris *m*	Anführer, Gründer, Ratgeber, Urheber, Verfasser
iūdex, iūdicis *m*	Richter
iūs, iūris *n*	Recht

praetor, praetōris *m*	Prätor *(für die Rechtsprechung zuständiger Beamter)*
scelus, sceleris *n*	Verbrechen
	3
hic, haec, hoc	dieser, diese, dieses (hier)
ille, illa, illud	jener, jene, jenes (dort)
	5
iactāre, iactō	(hin und her) schleudern, werfen
ēvenīre, ēveniō, ēvēnī, ēventum	sich ereignen
committere, committō, commīsī, commissum	anvertrauen; veranstalten, zustande bringen
pellere, pellō, pepulī, pulsum	stoßen, schlagen, (ver)treiben
	6
forīs *Adv.*	außerhalb, draußen, im Krieg *(wo?)*
	7
num *im dir. Fragesatz*	etwa
	12
in culpā esse	schuldig sein
in iūs vocāre	vor Gericht rufen, anklagen
in pūblicō	in der Öffentlichkeit
iūs dīcere	Recht sprechen
scelus committere	ein Verbrechen begehen

48

1

parēns, parentis *m/f*	Vater, Mutter; *Pl.* Eltern
vās, vāsis *n (Pl.* vāsa, vāsōrum*)*	Gefäß

2

honestus, a, um	angesehen, ehrenhaft
mīrus, a, um	erstaunlich; sonderbar, wunderbar

5

aestimāre, aestimō	einschätzen, beurteilen
addūcere, addūcō, addūxī, adductum	heranführen, herbeibringen; veranlassen
crēdere, crēdō, crēdidī, crēditum	anvertrauen, glauben
incendere, incendō, incendī, incēnsum	entflammen, in Brand stecken
pōnere, pōnō, posuī, positum	(auf)stellen, (hin)legen, setzen
pōscere, pōscō, popōscī	fordern, verlangen
vendere, vendō, vendidī, venditum	verkaufen
accipere, accipiō, accēpī, acceptum	erhalten, annehmen, erfahren

12

fidem dare	sein Wort geben
fidem servāre	sein Wort halten
īrā incēnsus	von Zorn entflammt, aus Zorn
magnī aestimāre	hoch (ein)schätzen
magnī esse	viel wert sein/gelten
magnī facere	hoch (ein)schätzen
magnī putāre	hoch (ein)schätzen
mōre *m. Gen.*	nach Art von, nach Sitte von
parvī esse	wenig wert sein/gelten
parvō vendere	billig verkaufen
rēs familiāris	Vermögen

49

1

venter, ventris *m*	Magen

2

inimīcus, a, um	feindlich; *Subst.* Feind
sacer, sacra, sacrum *(m. Gen.)*	geweiht, heilig

5

temperāre, temperō *m. Akk.*	lenken, ordnen

carēre, careō *m. Abl.*	frei sein von, ohne (etw.) sein; nicht haben
licet, licuit	es ist erlaubt, es ist möglich
persuādēre, persuādeō, persuāsī, persuāsum *m. Dat.*	überreden, überzeugen
convenīre, conveniō, convēnī, conventum	zusammenkommen, zusammenpassen; besuchen, treffen
admittere, admittō, admīsī, admissum	hinzuziehen, zulassen
cēdere, cēdō, cessī, cessum	gehen, weichen; nachgeben
cōgere, cōgō, coēgī, coāctum	(ver)sammeln, zwingen
cōnsulere, cōnsulō, cōnsuluī, cōnsultum	*m. Akk.* um Rat fragen, *m. Dat.* sorgen für
conicere, coniciō, coniēcī, coniectum	folgern, vermuten
excipere, excipiō, excēpī, exceptum	ausnehmen, aufnehmen, empfangen
fugere, fugiō, fūgī	fliehen, meiden
praeesse, praesum, praefuī *m. Dat.*	an der Spitze stehen, leiten

12

ad rem pūblicam admittere	zur Leitung des Staates hinzuziehen

iūre *Adv.*	mit Recht, zu Recht
patrēs (cōnscrīptī) *m Pl.*	Senatoren

50

1

proelium	Kampf, Schlacht
ōrātiō, ōrātiōnis *f*	Rede

5

arcessere, arcessō, arcessīvī, arcessītum	herbeirufen, holen
colere, colō, coluī, cultum	bewirtschaften, pflegen; verehren
occīdere, occīdō, occīdī, occīsum	niederschlagen, töten
afficere, afficiō, affēcī, affectum *m. Abl.*	versehen mit
īre, eō, iī, itum	gehen
abīre, abeō, abiī, abitum	weggehen
adīre, adeō, adiī, aditum *(m. Akk.)*	herantreten (an), bitten
inīre, ineō, iniī, initum	hineingehen, beginnen
perīre, pereō, periī	umkommen, zugrunde gehen

redīre, redeō, rediī, reditum	zurückgehen, zurückkehren
subīre, subeō, subiī, subitum	auf sich nehmen, herangehen
trānsīre, trānseō, trānsiī, trānsitum	überschreiten, durchqueren, hinübergehen

9

quod *Subj.*	weil

12

cōnsilium inīre	einen Beschluss fassen
modum trānsīre	das Maß überschreiten
proelium inīre	den Kampf beginnen
spem pōnere in *m. Abl.*	Hoffnung setzen in jmd.
timōre afficī	in Furcht geraten, Angst bekommen

51

1

inopia	Mangel, Not
īnsidiae, īnsidiārum *f Pl.*	Falle, Attentat, Hinterlist
canis, canis *m*	Hund
coniūnx, coniugis *m/f*	Gatte, Gattin

2

maximus, a, um	der größte, sehr groß
proximus, a, um	der nächste
summus, a, um	der oberste, der höchste, der letzte

3

īdem, éadem, idem	derselbe, der gleiche
ipse, ipsa, ipsum *(Gen.* ipsīus, *Dat.* ipsī*)*	(er, sie, es) selbst

5

excitāre, excitō	erregen, ermuntern, wecken
occupāre, occupō	besetzen, einnehmen
animadvertere, animadvertō, animadvertī, animadversum *m. AcI / Akk.*	bemerken
gerere, gerō, gessī, gestum	tragen, ausführen, führen
opprimere, opprimō, oppressī, oppressum	bedrohen, niederwerfen, unterdrücken
perspicere, perspiciō, perspexī, perspectum	durchschauen, erkennen, genau betrachten, sehen
exīre, exeō, exiī, exitum	herausgehen

12

diēs noctēsque	Tag und Nacht
rēs gestae *f Pl.*	Taten

52

1

odium	Hass
iūsiūrandum	Eid, Schwur
exercitus, exercitūs *m*	Heer

2

sevērus, a, um	streng

5

cōgitāre, cōgitō	beabsichtigen, denken
iūrāre, iūrō	schwören
convertere, convertō, convertī, conversum	verändern, (um)wandeln, verwandeln
repetere, repetō, repetīvī, repetītum	wiederholen, (zurück)verlangen
sinere, sinō, sīvī, situm	lassen, erlauben
trādūcere, trādūcō, trādūxī, trāductum *(m. Akk.)*	hinüberführen (über)
mālle, mālō, māluī	lieber wollen
nōlle, nōlō, nōluī	nicht wollen

6

domī *Adv.*	zu Hause *(wo?)*
umquam *Adv.*	jemals

12

puer novem annōrum	ein neunjähriger Junge
sacra facere	Opfer darbringen, opfern

53

1

amīcitia	Freundschaft
cōnsul, cōnsulis *m*	Konsul
mulier, mulieris *f*	Frau
victor, victōris *m*	Sieger

2

nōtus, a, um	bekannt
propinquus, a, um	nahe; *Subst.* Verwandter
frequēns, frequentis	häufig, zahlreich
immortālis, e	unsterblich
supplex, supplicis	demütig bittend

3

aliquī, aliqua, aliquod *Adj.*	irgendein
aliquis, aliquid *Subst.*	irgendjemand, irgendetwas

5

convocāre, convocō	versammeln
fatīgāre, fatīgō	ermüden
oppūgnāre, oppūgnō	angreifen
revocāre, revocō	zurückrufen
nescīre, nesciō, nescī(v)ī	nicht wissen
coniungere, coniungō, coniūnxī, coniūnctum	verbinden, vereinigen

dēserere, dēserō, dēseruī, dēsertum	im Stich lassen, verlassen
perdere, perdō, perdidī, perditum	zugrunde richten
vincere, vincō, vīcī, victum	(be)siegen, übertreffen

12

aliquā ex causā	aus irgendeinem Grund

54

1

ancora	Anker
dīligentia	Sorgfalt, Umsicht
mora	Aufenthalt, Verzögerung
nauta *m*	Seemann, Matrose
magister, magistrī *m*	Lehrer
flūmen, flūminis *n*	Fluss
portus, portūs *m*	Hafen

2

optimus, a, um	der beste, sehr gut
plūrimī, ae, a	sehr viele

3

quālis, e	wie (beschaffen)
quantus, a, um	wie groß, wie viel

tantus, a, um	so groß, so viel
ūllus, a, um *(Gen.* ūllīus, *Dat.* ūllī*)*	irgendeiner
	5
complēre, compleō, complēvī, complētum	anfüllen
ascendere, ascendō, ascendī, ascēnsum	hinaufsteigen, besteigen
impellere, impellō, impulī, impulsum	antreiben, veranlassen
	6
proinde *Adv.*	also, daher, ebenso
	7
quandō	wann
	12
ancoram tollere	den Anker lichten
īdem ... quī	derselbe/der gleiche ... *wie*
magister nāvis	Kapitän
multōs diēs	viele Tage (lang) *(wie lange?)*
sine ūllā morā	unverzüglich
tālis ... quālis	so beschaffen ... wie (beschaffen)
tantum ... quantum	so viel ... wie (viel)
tantus ... quantus	so groß ... wie (groß)
tot ... quot	so viele ... wie (viele)

55

1

gaudium	Freude
cor, cordis *n*	Herz
nūbēs, nūbis *f*	Wolke
tempestās, tempestātis *f*	Sturm, (schlechtes) Wetter
fluctus, fluctūs *m*	Flut, Strömung

2

dīves, dīvitis	reich

5

vexāre, vexō	quälen, heimsuchen
prōvidēre, prōvideō, prōvīdī, prōvīsum	*m. Akk.* vorhersehen *m. Dat.* sorgen für
remittere, remittō, remīsī, remīssum	zurückschicken; nachlassen, vermindern
interest inter *m. Akk.*	es ist ein Unterschied zwischen

12

cordī esse	am Herzen liegen
crīminī dare	zum Vorwurf machen
cūrae esse	Sorge bereiten
iter pergere	die Reise/den Weg fortsetzen
mē fugit	es entgeht mir
sē praebēre	sich zeigen

ūsuī esse	von Nutzen/nützlich sein
vir vērē Rōmānus	ein echter Römer

56

1

colōnia	Siedlung
lingua	Rede, Sprache
litterae, litterārum *f Pl.*	Literatur, Wissenschaft
liber, librī *m*	Buch
philosophus	Philosoph
laus, laudis *f*	Lob, Ruhm
scrīptor, scrīptōris *m*	Schriftsteller

2

dīgnus, a, um *m. Abl.*	wert, würdig *(einer Sache)*
situs, a, um	gelegen *(in Ortsangaben)*

5

recreāre, recreō	wiederherstellen, erfrischen
pertinēre, pertineō *(ad m. Akk.)*	betreffen, gehören (zu), sich erstrecken (bis)
legere, legō, lēgī, lēctum	lesen
scrībere, scrībō, scrīpsī, scrīptum	schreiben, beschreiben

6

anteā *Adv.* — vorher, früher

10

ūsque ad *m. Akk.* — bis zu

12

Athēnīs — in Athen *(wo?)*

57

1

dīvitiae, dīvitiārum *f Pl.*	Reichtum
incola *m*	Einwohner, Bewohner
voluptās, voluptātis *f*	Lust, Vergnügen
habitus, habitūs *m*	Aussehen

2

simplex, simplicis	einfach

5

habitāre, habitō	bewohnen, wohnen
optāre, optō	wünschen
sedēre, sedeō, sēdī, sessum	sitzen
induere, induō, induī, indūtum	anziehen, anlegen
reprehendere, reprehendō, reprehendī, reprehēnsum	kritisieren, schimpfen

6

inde *Adv.*	von dort; darauf; deshalb
prius *Adv.*	eher, früher

10

propter *m. Akk.*	wegen

12

Corinthī	in Korinth *(wo?)*
ōrātiōnem habēre	eine Rede halten
Paestī	in Pästum *(wo?)*
plūris aestimāre	höher einschätzen, für wichtiger halten

58

1

invidia	Neid
mēnsa	Tisch
gladius	Schwert
lectus	Bett, Liegesofa
domus, domūs *f*	Haus

2

aureus, a, um	golden
beātus, a, um	glücklich, reich

5

ōrnāre, ōrnō	ausstatten, schmücken
rogāre, rogō	bitten, erbitten; fragen
fīgere, fīgō, fīxī, fīxum	heften, befestigen

9

nē *Subj. m. Konj.*	dass nicht
ut	*Adv.* *wie;* *Subj. m. Ind.* sobald, sooft; *Subj. m. Konj.* dass

10

suprā *m. Akk.*	oberhalb, über

12

nē umquam	dass nie(mals)
rogāre, ut	darum bitten, dass
timēre, nē *m. Konj.*	Angst haben/fürchten, dass

59

1

poēta *m*	Dichter
audācia	Frechheit, Kühnheit
obses, obsidis *m/f*	Geisel

5

praestāre, praestō, praestitī *m. Akk.*	gewähren, leisten, zeigen

recitāre, recitō	vorlesen, vortragen
animadvertere, animadvertō, animadvertī, animadversum	*m. AcI / Akk.* bemerken in *m. Akk.* vorgehen gegen
condūcere, condūcō, condūxī, conductum	zusammenführen, anwerben, mieten
dīmittere, dīmittō, dīmīsī, dīmissum	wegschicken, entlassen, aufgeben
parcere, parcō, pepercī *m. Dat.*	schonen, sparen
sūmere, sūmō, sūmpsī, sūmptum	nehmen
conicere, coniciō, coniēcī, coniectum	(zusammen)werfen; folgern, vermuten

6

vērō *Adv.*	in der Tat, wirklich; aber

9

nē *Subj. m. Konj.*	dass nicht, damit nicht
ut	*Adv.* wie *Subj. m. Ind.* sobald, sooft *Subj. m. Konj.* dass, sodass, damit
ut nōn *Subj. m. Konj.*	(so)dass nicht

12

bonō animō esse	guten Mutes sein, zuversichtlich sein

in vincula conicere	in Fesseln legen, fesseln
nunc vērō	jetzt aber, nun aber
odiō esse	verhasst sein
sē praestāre *m. Akk.*	sich erweisen als
supplicium subīre	hingerichtet werden
supplicium sūmere dē *m. Abl.*	die Hinrichtung vollziehen an, hinrichten

60

1

superbia	Stolz, Überheblichkeit
beneficium	Wohltat
factum	Handlung, Tat, Tatsache

3

ēgregius, a, um	ausgezeichnet, hervorragend
sōlus, a, um	allein, einzig

5

comperīre, comperiō, comperī, compertum	(genau) erfahren
crēscere, crēscō, crēvī	wachsen
dēsistere, dēsistō, dēstitī (ab/ā *m. Abl.)*	aufhören (mit)
dīligere, dīligō, dīlēxī, dīlēctum	hochachten, lieben

expellere, expellō, expulī, expulsum	vertreiben, verbannen
nōscere, nōscō, nōvī, nōtum	erkennen, kennenlernen
nō(vi)sse, nōvī *Perf.*	kennen, wissen
incipere, incipiō, coepī (incēpī), inceptum	anfangen, beginnen

12

bellum gerere	Krieg führen

61

1

fīdūcia	Vertrauen
toga	Toga
officium	Dienst, Pflicht(gefühl)
gemitus, gemitūs *m*	Seufzen, Traurigkeit
senātus, senātūs *m*	Senat, Senatssitzung

2

ultimus, a, um	der äußerste, der entfernteste, der letzte

5

īnstāre, īnstō, īnstitī	bevorstehen, hart zusetzen

cavēre, caveō, cāvī, cautum *m. Akk.*	sich hüten (vor), Vorsorge treffen
circumvenīre, circumveniō, circumvēnī, circumventum	umringen, umzingeln
praeterīre, praetereō, praeteriī, praeteritum	vorbeigehen, übergehen

6

domō *Adv.*	von zu Hause *(woher?)*

9

cum *Subj. m. Konj.*	als, nachdem
dōnec *Subj.*	solange (als), (so lange) bis
priusquam *Subj. m. Ind.*	bevor
sīn (autem) *Subj.*	wenn aber
ubi *Subj. m. Ind. Perf.*	sobald

12

fīdūcia suī	Vertrauen zu sich, Selbstvertrauen
odium tuī	der Hass auf dich
officium praestāre	die Pflicht erfüllen

62

1

iūstitia	Gerechtigkeit
misericordia	Mitleid
aetās, aetātis *f*	Lebensalter, Zeitalter, Zeit
lēx, lēgis *f*	Gesetz, Bedingung
lībertās, lībertātis *f*	Freiheit
potestās, potestātis *f*	(Amts-)Gewalt, Macht

3

quisque, quaeque, quodque *Adj.*	jeder, jede, jedes
quisque, quidque *Subst.*	jeder

5

spoliāre, spoliō *m. Abl.*	berauben, plündern
vindicāre, vindicō	beanspruchen, bestrafen
egēre, egeō *m. Abl.*	brauchen, benötigen, Mangel haben (an)
frangere, frangō, frēgī, frāctum	zerbrechen

12

optimus quisque	gerade die Besten (jeder Beste)

63

1

cōnsuētūdō, cōnsuētūdinis *f*	Gewohnheit
hūmānitās, hūmānitātis *f*	Menschlichkeit; Bildung
iuventūs, iuventūtis *f*	Jugend
māiōrēs, māiōrum *m Pl.*	Vorfahren
opēs, opum *f Pl.*	Macht, Mittel, Reichtum
pietās, pietātis *f*	Frömmigkeit; Ehrfurcht, Pflichtgefühl
prīnceps, prīncipis *m*	der Erste, der führende Mann; Kaiser
sēdēs, sēdis *f*	Sitz, Wohnsitz, Platz
sūmptus, sūmptūs *m*	Aufwand, die Kosten

2

pār, paris	ebenbürtig, gleich

5

restituere, restituō, restituī, restitūtum	wiederherstellen

12

hīs dē causīs	aus diesen Gründen, deshalb
mōrēs māiōrum *m Pl.*	Sitten der Vorfahren
optimō iūre	mit bestem Recht/ganz zu Recht

64

1

campus	Feld, freier Platz
ingenium	Begabung, Talent
ratiō, ratiōnis *f*	Grund, Vernunft, Überlegung; Art und Weise; Berechnung

2

perpetuus, a, um	dauerhaft, ewig
incrēdibilis, e	unglaublich

5

comparāre, comparō	vergleichen
explicāre, explicō	erklären
praedicāre, praedicō	rühmen, preisen; behaupten
augēre, augeō, auxī, auctum	vergrößern, vermehren
dēbēre, dēbeō	müssen, sollen; schulden
compōnere, compōnō, composuī, compositum	verfassen, ordnen; beenden; vergleichen
indūcere, indūcō, indūxī, inductum	(hin)einführen, verleiten
īnstituere, īnstituō, īnstituī, īnstitūtum,	beginnen, einrichten, unterrichten
efficere, efficiō, effēcī, effectum	bewirken, herstellen

perficere, perficiō, perfēcī, perfectum	erreichen, fertigstellen, vollenden

6

dēmum *Adv.*	endlich

8

at	aber, dagegen, jedoch

65

1

tabula	Aufzeichnung, Gemälde, Tafel
imāgō, imāginis *f*	Abbild, Bild

2

barbarus, a, um	ausländisch, unzivilisiert
laetus, a, um	froh, fröhlich; fruchtbar
pūrus, a, um	rein, klar
victor, victōris *m*	Sieger; *Adj.* siegreich

3

uterque *(Gen.* utrīusque, *Dat.* utrīque*)*	beide; jeder (von zweien)

4

singulus, a, um	je ein, jeder einzelne

	5
iactāre, iactō	(hin und her) schleudern, werfen; rühmen
pōstulāre, pōstulō	fordern
āvertere, āvertō, āvertī, āversum	abwenden, vertreiben
fingere, fingō, fīnxī, fictum	gestalten, sich (etwas) ausdenken
trādere, trādō, trādidī, trāditum	übergeben, überliefern
	9
cum *Subj. m. Konj.*	als, nachdem; weil, da
	12
cavēre, nē	sich hüten (davor), dass
dextram tendere	die rechte Hand ausstrecken
utrāque parte	auf beiden Seiten
vidēre, ut	darauf achten, dass

66

	1
exilium	Exil, Verbannung
dux, ducis *m/f*	Anführer(in)

		2
gravis, e	schwer, gewichtig, ernst, bedeutend	
		3
nihil / nīl	nichts	
		5
latēre, lateō	verborgen sein	
contingere, contingō, contigī, contāctum	berühren; gelingen	
dēligere, dēligō, dēlēgī, dēlēctum	(aus)wählen	
tegere, tegō, tēxī, tēctum	bedecken, schützen, verbergen	
		6
ergō *Adv.*	also, deshalb	
nimium *Adv.*	(all)zu, (all)zu sehr	
		7
quotiēns	wie oft; so oft	
		9
quamvīs	*Subj. m. Konj.* wenn auch *Adv.* beliebig, wie du willst	
		10
ē/ex *m. Abl.*	aus, von … her; seit	
		12
Rhodum	nach Rhodos	

sponte meā (tuā, suā)	freiwillig, mit eigener Kraft, von selbst
uxōrem dūcere	heiraten

67

1

lingua	Rede, Sprache, Zunge
dīgnitās, dīgnitātis *f*	Ansehen, Würde; (gesellschaftliche) Stellung
eques, equitis *m*	Reiter, Ritter

2

asper, aspera, asperum	rau, streng
dīvus, a, um	göttlich
improbus, a, um	schlecht, unanständig
iūstus, a, um	gerecht

3

iste, ista, istud (*Gen.* istīus, *Dat.* istī)	dieser, diese, dieses (da)
quī, quae, quod *Interrog. pron.*	welcher, welche, welches

5

accūsāre, accūsō	anklagen, beschuldigen
flectere, flectō, flexī, flexum	biegen, (hin)lenken, umstimmen

surgere, surgō, surrēxī, surrēctum	sich erheben, aufstehen
trahere, trahō, trāxī, tractum	schleppen, ziehen

6

ideō *Adv.*	deshalb, zu diesem Zweck
omnīnō *Adv.*	insgesamt, überhaupt, völlig
tunc *Adv.*	damals, dann

7

quārē	weshalb, wodurch *relativer Satzanschluss:* deshalb
utrum ... an *im dir. Fragesatz*	... oder

12

monēre, nē	warnen, dass

68

1

coniūrātiō, coniūrātiōnis *f*	Verschwörung
crux, crucis *f*	Kreuz, Kreuzzeichen
leō, leōnis *m*	Löwe

2

cupidus, a, um *(m. Gen.)*	(be)gierig (nach)
nefārius, a, um	gottlos, verbrecherisch

pius, a, um	fromm, gerecht, pflichtbewusst
plērīque, plēraeque, plēraque	die meisten, sehr viele
vīvus, a, um	lebend, lebendig
sapiēns, sapientis	weise, verständig
	5
errāre, errō	(sich) irren, umherirren
spargere, spargō, sparsī, sparsum	ausstreuen, bespritzen, verbreiten
statuere, statuō, statuī, statūtum	aufstellen, beschließen, festsetzen
	9
nē *m. Konj. Perf.*	nicht *(verneinter Befehl)*
	12
exemplum statuere	ein Exempel statuieren
longē lātēque	weit und breit

69

	1
disciplīna	Erziehung, Zucht; Unterricht, Fach
philosóphia	Philosophie

sapientia	Weisheit, Einsicht
elementum	Grundstoff, Element; *Pl.* Lehre
ōrāculum	Orakel(spruch)
sacrum	Heiligtum, Opfer
aestās, aestātis *f*	Sommer
certāmen, certāminis *n*	Wettstreit, Kampf
hiems, hiemis *f*	Winter, Unwetter
ōrātor, ōrātōris *m*	Redner
	2
complūrēs, complūrium	mehrere
dīligēns, dīligentis	gewissenhaft, sorgfältig
	5
futūrum esse (fore)	sein werden
quaerere, quaerō, quaesīvī, quaesitum *(ex/dē m. Abl.)*	suchen; erwerben wollen; (jmd.) fragen
interesse, intersum, interfuī	dazwischen sein; *(m. Dat.)* teilnehmen (an)
	7
quōmodo	wie, auf welche Weise
	12
ōrāculum adīre	die Orakelstätte aufsuchen, sich an das Orakel wenden
quā dē causā	aus welchem Grund *relativer Satzanschluss:* deshalb

quibus dē causīs	aus welchen Gründen *relativer Satzanschluss:* deshalb
quīntō quōque annō	alle vier Jahre (in jedem 5. Jahr)
quis nostrum/quis vestrum	wer von uns/wer von euch

70

1

lūxuria	Überfluss, Verschwendungssucht
vulgus, vulgī *n*	die Leute (aus dem Volk), die große Masse

2

necessārius, a, um	notwendig
nimius, a, um	übermäßig, zu groß
nūdus, a, um	nackt
facilis, e	leicht (zu tun)

5

dērīdēre, dērīdeō, dērīsī, dērīsum	auslachen, verspotten
agere, agō, ēgī, āctum	handeln, treiben, verhandeln
corrumpere, corrumpō, corrūpī, corruptum	bestechen, verderben
vertere, vertō, vertī, versum	drehen, wenden

vīvere, vīvō, vīxī, vīctūrum	leben
adicere, adiciō, adiēcī, adiectum	hinzufügen
prōdīre, prōdeō, prōdiī, prōditum	(öffentlich) auftreten, sich zeigen

6

cēterum *Adv.*	übrigens
facile *Adv.*	leicht

8

nec	und nicht, auch nicht, nicht einmal

7

in pūblicum prōdīre	in der Öffentlichkeit auftreten
nec ... nec	weder ... noch

71

1

adversārius	Gegner
flāgitium	Gemeinheit, Schandtat
loca, locōrum *n Pl.*	Orte, Plätze
clādēs, clādis *f*	Niederlage, Verlust
pudor, pudōris *m*	Scham(gefühl), Anstand
sacerdōs, sacerdōtis *m/f*	Priester(in)

	2
domesticus, a, um	privat, zum Haus gehörig; einheimisch
impius, a, um	gottlos, gewissenlos
	5
certāre, certō	streiten, wetteifern
comprehendere, comprehendō, comprehendī, comprehēnsum	ergreifen, festnehmen, begreifen
cōnsistere, cōnsistō, cōnstitī	haltmachen, sich aufstellen
cōnsulere, cōnsulō, cōnsuluī, cōnsultum	*m. Akk.* um Rat fragen *m. Dat.* sorgen für in *m. Akk.* vorgehen gegen
invādere, invādō, invāsī, invāsum	eindringen, sich verbreiten; befallen
cōnficere, cōnficiō, cōnfēcī, cōnfectum	fertigmachen, beenden
	12
dē victōriā certāre	um den Sieg streiten
īrae temperāre	seinen Zorn zurückhalten
nē qua fēmina	dass/damit nicht (irgend)eine Frau, damit keine Frau
victōriam parere	den Sieg erringen

72

1

genus, generis *n*	Abstammung, Art, Geschlecht
sors, sortis *f*	Los, Orakelspruch, Schicksal
currus, currūs *m*	Wagen
lūctus, lūctūs *m*	Trauer

2

cōnscius, a, um *(m. Gen.)*	bewusst, eingeweiht (in); *Subst.* Mitwisser, Zeuge, Teilnehmer
plēnus, a, um *(m. Gen.)*	voll (von/mit)
ūnicus, a, um	einzig

5

obtinēre, obtineō	(in Besitz) haben, (besetzt)halten
reperīre, reperiō, repperī, repertum	(wieder)finden
vincīre, vinciō, vīnxī, vīnctum	fesseln, binden
cognōscere, cognōscō, cognōvī, cognitum	erkennen, kennenlernen; *Perf.* kennen, wissen
dēcēdere, dēcēdō, dēcessī, dēcessum	weggehen; sterben

dīcere, dīcō, dīxī, dictum	sagen, sprechen; (be)nennen
repellere, repellō, reppulī, repulsum	zurückstoßen, abweisen, vertreiben
obicere, obiciō, obiēcī, obiectum	darbieten, vorwerfen
	6
aliquandō *Adv.*	irgendwann, einmal
interim *Adv.*	inzwischen
tamquam *Adv.*	wie
	9
tamquam *Subj.*	wie wenn, als ob
	12
cāsū	zufällig
convertere animum/animōs *(m. Gen.)*	jmds. Einstellung ändern
prōvidēre, ut	dafür sorgen, dass
quibus verbīs dictīs	nach diesen Worten

73

	1
dictum	Ausspruch, Wort
	2
aeternus, a, um	ewig

dīvīnus, a, um	göttlich
īgnārus, a, um *(m. Gen.)*	ohne Kenntnis, unwissend
invītus, a, um	ungern, gegen den Willen
parātus, a, um	bereit, vorbereitet

5

vetāre, vetō, vetuī	verbieten
pūnīre, pūniō, pūnīvī	(be)strafen

12

deō auctōre	auf Veranlassung Gottes
fīliō īgnārō	ohne Wissen des Sohnes
mē auctōre	auf meine Veranlassung
mē invītō	gegen meinen Willen
patre vīvō	zu Lebzeiten des Vaters
plūris exīstimāre	höher einschätzen
Polybō rēge	unter der Regierung des Polybos
Polynīce duce	unter der Führung des Polyneikes
rēge invītō	gegen den Willen des Königs

74

1

superī, superōrum *m Pl.*	die Götter
furor, furōris *m*	Wahnsinn, Wut

5

cēnsēre, cēnseō, cēnsuī, cēnsum *(m. Akk.)*	meinen, einschätzen; seine Stimme abgeben (für jmd./etw.)
exstinguere, exstinguō, exstīnxī, exstīnctum	auslöschen, vernichten
īgnōscere, īgnōscō, īgnōvī, īgnōtum	verzeihen

6

ferē *Adv.*	beinahe, fast; ungefähr
utinam *Adv.*	hoffentlich, wenn doch

12

hostem iūdicāre	zum Staatsfeind erklären
sē gerere	sich verhalten

75

1

fuga	Flucht
aciēs, aciēī *f*	Schlachtordnung, Schlacht

2

apertus, a, um	offen, offenkundig
armātus, a, um	bewaffnet

5

aperīre, aperiō, aperuī, apertum	aufdecken, öffnen
incēdere, incēdō, incessī *(m. Akk.)*	heranrücken, eintreten; (jmd.) befallen
ruere, ruō, ruī, ruitūrum	eilen, stürmen; (ein)stürzen
sē recipere	sich zurückziehen

9

cum *Subj. m. Konj.*	als, nachdem; weil, da; obwohl; während (dagegen)
etsī *Subj. m. Ind.*	auch wenn, obwohl
praesertim (cum)	besonders (da, weil)
propterea quod *Subj. m. Ind.*	deswegen weil
quoniam *Subj. m. Ind.*	da ja, da nun

12

posterō diē	am folgenden Tag, tags darauf
salūtem fugā petere	Rettung in der Flucht suchen
vespere	abends, am Abend

76

1

praesidium	Schutztruppe, (Wach-)Posten

discrīmen, discrīminis *n*	Unterscheidung, Gefahr
sanguis, sanguinis *m*	Blut; Blutvergießen
	2
aequus, a, um	eben, gerecht, gleich
placidus, a, um	friedlich, ruhig, sanft
prīstinus, a, um	früher
	5
addere, addō, addidī, additum	hinzufügen
opus est *m. Abl.*	es ist nötig, man braucht
	7
num	*im dir. Fragesatz* etwa
	im indir. Fragesatz ob
utrum	*im indir. Fragesatz* ob
utrum … an	*im dir. Fragesatz* … oder
	im indir. Fragesatz ob … oder
	12
aequō animō	mit Gelassenheit
in summō discrīmine	in höchster Gefahr
plūrēs, plūra *(Gen.* plūrium*)*	mehr(ere)

77

1

corōna	Krone, Kranz
lēgātus	Bevollmächtigter, Gesandter
famēs, famis *f*	Hunger

2

sānctus, a, um	ehrwürdig, heilig

5

dēdere, dēdo, dēdidī, dēditum	ausliefern, übergeben
impōnere, impōnō, imposuī, impositum	auferlegen, einsetzen
ēripere, ēripiō, ēripuī, ēreptum	entreißen
ferre, ferō, tulī, lātum	bringen, tragen; ertragen
afferre, afferō, attulī, allātum	bringen, herbeibringen, mitbringen; melden
differre, differō, distulī, dilātum *(ā m. Abl.)*	aufschieben; sich unterscheiden (von)
īnferre, īnferō, īntulī, illātum	hineintragen, zufügen
perferre, perferō, pertulī, perlātum	(über)bringen, ertragen

referre, referō, rettulī, relātum	(zurück)bringen, berichten

12

bellum īnferre *(m. Dat.)*	jmd. angreifen

78

1

facultās, facultātis *f*	Fähigkeit
voluntās, voluntātis *f*	Absicht, Wille, Zustimmung

2

aliēnus, a, um	fremd
cōpiōsus, a, um	reich, wortreich, geistreich
patrius, a, um	heimisch, väterlich
perītus, a, um *(m. Gen.)*	erfahren, kundig (in)

5

īnstruere, īnstruō, īnstrūxī, īnstrūctum	aufstellen, ausrüsten, unterrichten
omittere, omittō, omīsī, omissum	aufgeben, beiseitelassen

10

praeter *m. Akk.*	außer

79

1

adventus, adventūs *m*	Ankunft

2

doctus, a, um	gebildet, gelehrt
exter, extera, exterum	ausländisch
firmus, a, um	stark, fest, zuverlässig
īgnōtus, a, um	unbekannt
cōnstāns, cōnstantis	beständig, standhaft, folgerichtig
īgnōbilis, e	unbekannt, unbedeutend; nicht adelig

3

quisnam	wer denn
quidnam	was denn

4

quīndecim *indekl.*	fünfzehn

6

etiam	auch, sogar *beim Komparativ:* noch
prōtinus *Adv.*	sofort
satis *Adv.*	genug
sērō *Adv.*	spät, zu spät

tandem	*Adv.* endlich;
	im Fragesatz denn eigentlich

12

iter quīndecim diērum	eine Reise von fünfzehn Tagen

80

1

occāsiō, occāsiōnis *f* *(m. Gen.)*	Gelegenheit (zu)

2

fīnitimus, a, um	angrenzend, benachbart
praestāns, praestantis	vorzüglich, vortrefflich, ausgezeichnet

5

cōnstāre, cōnstō, cōnstitī	kosten
fallere, fallō, fefellī	täuschen, betrügen
inesse, īnsum, īnfuī	enthalten sein, innewohnen
praestāre, praestō, praestitī	*m. Akk.* gewähren, leisten, zeigen
	m. Dat. jmd. übertreffen

6

ūnā *Adv.*	zugleich, zusammen

10

circum *m. Akk.*	rings um, um ... herum

12

ā puerīs	von Kindheit an
cōnstāre ē/ex *m. Abl.*	bestehen aus
fallit mē	ich täusche mich, es entgeht mir
fīnitimī, fīnitimōrum *Subst. Pl.*	(Grenz-)Nachbarn
metū coāctus	aus Angst
occāsiōnem omittere	eine Gelegenheit auslassen
virtūtī studēre	sich um Tapferkeit bemühen

81

1

hostia	Opfertier
īnferī, īnferōrum *m Pl.*	Bewohner/Götter der Unterwelt, Unterwelt
morbus	Krankheit
spatium	Raum, Strecke, (Zeit-)Raum
opīniō, opīniōnis *f*	Meinung, (guter) Ruf
religiō, religiōnis *f*	Glaube, Aberglaube, (Gottes-)Verehrung, Frömmigkeit, Gewissenhaftigkeit

2

minimus, a, um	der kleinste, sehr klein; der geringste, sehr gering
pessimus, a, um	der schlechteste, sehr schlecht; der schlimmste, sehr schlimm
reliquus, a, um	künftig, übrig
māior, māius	größer
melior, melius	besser
minor, minus	kleiner, geringer
singulāris, e	einzeln; einzigartig

5

locāre, locō	aufstellen, setzen; vermieten
permovēre, permoveō, permōvī, permōtum	beunruhigen, veranlassen
fīnīre, fīniō, fīnīvī	begrenzen, beenden

9

quod *Subj. m. Ind.*	dass, weil

12

spatia temporis	Zeiträume, Zeitabschnitte

82

1

servitūs, servitūtis *f*	Sklaverei

5

tolerāre, tolerō	ertragen, aushalten
cōnsūmere, cōnsūmō, cōnsūmpsī, cōnsūmptum	verbrauchen, verwenden
prōdere, prōdō, prōdidī, prōditum	überliefern, verraten

6

diūtius *Adv.*	länger
maximē *Adv.*	am meisten, besonders
multum *Adv.*	sehr, viel
plūrimum *Adv.*	sehr viel, am meisten
plūs *Adv.*	mehr
quam *m. Superlativ*	möglichst

12

cōnsūmere in *m. Abl.*	verwenden auf
mortem subīre	den Tod auf sich nehmen
vel ... vel	entweder ... oder

83

	1
vigilia	Nachtwache, (Wach-)Posten
legiō, legiōnis *f*	Legion *(ca. 5000-6000 Mann)*
sinus, sinūs *m*	Brust, Bucht, Tasche, Krümmung
	2
superior, superius	der höhere
	3
quīdam, quaedam, quoddam *Adj.*	ein gewisser, irgendeiner; *Pl.* einige
	4
quīngentī, ae, a	fünfhundert
	5
remanēre, remaneō, remānsī	(zurück)bleiben
cūstōdīre, cūstōdiō	bewachen, (be)hüten
dēsilīre, dēsiliō, dēsiluī	herabspringen
accendere, accendō, accendī, accēnsum	anfeuern, anzünden
caedere, caedō, cecīdī, caesum	fällen, niederschlagen
subigere, subigō, subēgī, subāctum	zwingen, unterwerfen

succēdere, succēdō, successī, successum	(nach)folgen, nachrücken
prōspicere, prōspiciō, prōspexī, prōspectum	schauen auf, sehen

6

circiter *Adv.*	ungefähr
postrīdiē *Adv.*	am folgenden Tag

12

impetum facere *(*in *m. Akk.)*	(jmd.) angreifen
in fugam vertere	in die Flucht schlagen, vertreiben
incrēdibilī quādam virtūte	mit geradezu unglaublicher Tapferkeit
perīculum subīre	eine Gefahr auf sich nehmen

84

2

cārus, a, um	lieb, teuer, wertvoll
mollis, e	weich, angenehm; freundlich

5

arbitrārī, arbitror, arbitrātus sum	glauben, meinen
hortārī, hortor, hortātus sum	auffordern, ermahnen

imitārī, imitor, imitātus sum	nachahmen
mīrārī, mīror, mīrātus sum	bewundern, sich wundern
versārī, versor, versātus sum	sich aufhalten, sich befinden
cōnfitērī, cōnfiteor, cōnfessus sum	(ein)gestehen
rērī, reor, ratus sum	meinen
tuērī, tueor *m. Akk.*	betrachten, schützen, *(milit.)* sichern, sorgen für
verērī, vereor, veritus sum	fürchten, sich scheuen; verehren
vidērī, videor, vīsus sum	scheinen, gelten (als)

85

1

avāritia	Geiz, Habgier
vestīgium	Fußsohle, Spur, Stelle
celeritās, celeritātis *f*	Schnelligkeit
latrō, latrōnis *m*	Räuber

2

hūmānus, a, um	gebildet, menschlich

5

experīrī, experior, expertus sum	erfahren, versuchen
loquī, loquor, locūtus sum	reden, sprechen
nāscī, nāscor, nātus sum	entstehen, geboren werden
oblīvīscī, oblīvīscor, oblītus sum *(m. Gen.)*	vergessen
persequī, persequor, persecūtus sum	verfolgen
proficīscī, proficīscor, profectus sum	(ab)reisen, aufbrechen
sequī, sequor, secūtus sum *m. Akk.*	folgen
ūtī, ūtor, ūsus sum *m. Abl.*	benützen, gebrauchen
aggredī, aggredior, aggressus sum	angreifen, herangehen
patī, patior, passus sum	(er)leiden, ertragen, zulassen

7

quamobrem	warum; *als relativer Satzanschluss:* deshalb

12

mihi tēcum est	ich habe mit dir zu tun
ūtī amīcīs	Freunde haben

86

1

hortus	Garten

5

turbāre, turbō	durcheinanderbringen, stören
intuērī, intueor	anschauen
īrāscī, īrāscor *(m. Dat.)*	in Zorn geraten, zornig sein (gegen)
querī, queror, questus sum *(m. Akk.)*	klagen; sich beklagen (über)
ēgredī, ēgredior, ēgressus sum	herausgehen, verlassen
ingredī, ingredior, ingressus sum	betreten, beginnen

6

propius *Adv.*	näher
repente *Adv.*	plötzlich, unerwartet

87

1

causa	Sache, Ursache, Grund; Prozess

opera	Arbeit, Mühe
collum	Hals
valētūdō, valētūdinis *f*	Gesundheit(szustand)
	5
dolēre, doleō	schmerzen, wehtun; bedauern
cōnsequī, cōnsequor, cōnsecūtus sum	erreichen, nachfolgen
premere, premō, pressī, pressum	(unter)drücken, bedrängen
	6
quasi Adv.	gleichsam
	9
quamquam	*Subj. m. Ind.* obwohl *im Hauptsatz:* freilich
	12
aliquid honōris	irgendeine Ehre
bene valēre	(richtig) gesund sein
causam agere	einen Prozess führen
in rē pūblicā versārī	sich politisch betätigen
multum temporis	viel Zeit
quid cōnsiliī?	welcher Plan?, welcher Entschluss?
tantum ingeniī	so viel (an) Begabung

88

1

ēloquentia	Redegewandtheit, Rhetorik
cornū, cornūs *n*	Flügel (des Heeres), Horn

2

obscūrus, a, um	dunkel, unbekannt
inānis, e	leer, wertlos

5

pollicērī, polliceor, pollicitus sum	versprechen
perdere, perdō, perdidī, perditum	verlieren, verschwenden; zugrunde richten
prōpōnere, prōpōnō, prōpōsuī, prōpositum	darlegen, in Aussicht stellen

89

1

ancilla	Dienerin, Sklavin
cella	Kammer, Keller, Tempel(raum)
gremium	Schoß
facultās, facultātis *f*	Fähigkeit; Möglichkeit

2

nocturnus, a, um	nächtlich
occultus, a, um	geheim, verborgen
vetus, veteris	alt

3

quisquam, quaequam, quidquam (quicquam)	irgendjemand

5

ēducāre, ēducō	erziehen
morārī, moror, morātus sum	(sich) aufhalten
opīnārī, opīnor, opīnatus sum	glauben, meinen
suspicārī, suspicor, suspicātus sum	vermuten, ahnen
fatērī, fateor, fassus sum	bekennen, gestehen
pudet, puduit	es beschämt
orīrī, orior, ortus sum	entstehen, sich erheben
adiungere, adiungō, adiūnxī, adiūnctum	hinzufügen, anschließen
dēdūcere, dēdūcō, dēdūxī, dēductum	hinführen, wegführen
fundere, fundō, fūdī, fūsum	(aus)gießen, zerstreuen
prōgredī, prōgredior, progressus sum	vorrücken, weitergehen

6

adversus *Adv.*	entgegen
hinc *Adv.*	von hier, hierauf
parum *Adv.*	(zu) wenig
plērumque *Adv.*	meistens

12

adversus resistere	dagegen Widerstand leisten
mē pudet	ich schäme mich

90

1

littera	Buchstabe
discipulus	Schüler
praeceptum	Vorschrift, Lehre
ōs, ōris *n*	Gesicht, Mund

2

commodus, a, um	angemessen, angenehm, günstig
levis, e	leicht, leichtsinnig
memor, memoris *m. Gen.*	in Erinnerung an („eingedenk")

3

quīcumque, quaecumque, quodcumque	jeder, der; wer auch immer; *neutr.* alles, was

quisquis, quidquid (quicquid) *Subst.*	jeder, der; wer auch immer *neutr.* alles, was

5

dēlīberāre, dēlīberō	überlegen, beraten
peccāre, peccō	einen Fehler machen, sündigen
cernere, cernō	sehen, bemerken
vīsere, vīsō, vīsī, vīsum	besichtigen, besuchen
praecipere, praecipiō, praecēpī, praeceptum	(be)lehren, vorschreiben
praeferre, praeferō, praetulī, praelātum	vorziehen
rēfert	es ist wichtig

6

modo *Adv.*	eben (noch); nur
postrēmō *Adv.*	kurz (gesagt); schließlich
quō ... eō	je ... desto

91

1

schola	Schule
lēgātiō, lēgātiōnis *f*	Gesandtschaft

2

incertus, a, um	ungewiss, unsicher
libēns, libentis	bereitwillig

5

cōnārī, cōnor, cōnātus sum	versuchen
obsecrāre, obsecrō	anflehen, bitten
precārī, precor, precātus sum	bitten
spēctāre, spectō	betrachten, hinsehen; anstreben
mōlīrī, mōlior, mōlītus sum	(an)treiben; planen, unternehmen
cōnstituere, cōnstituō, cōnstituī, cōnstitūtum	beschließen
ēmittere, ēmittō, ēmīsī, ēmissum	entsenden, freilassen
exigere, exigō, exēgī, exāctum	(ein)fordern, vollenden
requīrere, requīrō, requīsīvī, requīsītum	aufsuchen, sich erkundigen, verlangen
dēferre, dēferō, dētulī, dēlātum	hinbringen, melden, übertragen

6

potius *Adv.*	eher, lieber

7

an *im indir. Fragesatz*	ob (nicht)

9

nī *Subj.*	wenn nicht
quīn	*im Hauptsatz* vielmehr, warum nicht?
	Subj. m. Konj. dass nicht
	(in festen Wendungen) dass

12

haud sciō, an	ich weiß nicht, ob nicht; vielleicht
mīrum est, nī/nisī	es sollte verwundern, wenn nicht; höchstwahrscheinlich
nēmō dubitat, quīn	niemand zweifelt daran, dass
nōn multum abest, quīn	es fehlt nicht viel, dass
operam dare *(m. Dat.)*	sich Mühe geben (bei)

92

1

fāma	(guter/schlechter) Ruf
facinus, facinoris *n*	Handlung, Untat

2

certus, a, um	sicher, zuverlässig
manifestus, a, um	offenkundig; überführt

prīvātus, a, um	persönlich, privat; *Subst.* Privatperson
rēctus, a, um	gerade, recht, richtig
	5
memorāre, memorō	erwähnen, sagen
vītāre, vītō	meiden, vermeiden
nocēre, noceō	schaden, schädlich sein
prōdesse, prōsum, prōfuī	nützen, nützlich sein
cōnferre, cōnferō, cōntulī, collātum	vergleichen, zusammentragen
	6
magis *Adv.*	mehr, eher
minimē *Adv.*	am wenigsten, überhaupt nicht
pariter *Adv.*	ebenso, gleichzeitig
paulātim *Adv.*	allmählich
prōrsus *Adv.*	überhaupt, völlig
	12
atque/ac *im Vergleich*	wie, als
pariter ac/atque	ebenso wie

93

	1
praeceptor, praeceptōris *m*	Lehrer
varietās, varietātis *f*	Verschiedenheit, Mannigfaltigkeit
speciēs, speciēī *f*	Anblick, Aussehen, Schein
	2
dīversus, a, *um*	entgegengesetzt, feindlich, verschieden
inīquus, a, um	ungerecht, ungleich
occupātus, a, um *(*in *m. Abl.)*	beschäftigt mit
	5
adhibēre, adhibeō	anwenden
continēre, contineō, continuī, contentum	festhalten, hemmen; *Pass.* enthalten sein, beruhen (auf etw.)
corrigere, corrigō, corrēxī, corrēctum	berichtigen, verbessern
rumpere, rumpō, rūpī, ruptum	zerbrechen
offerre, offerō, obtulī, oblātum	anbieten, entgegenbringen
	6
contrā *Adv.*	gegenüber, dagegen

quemadmodum *Adv.*	auf welche Weise (auch immer), wie
suprā *Adv.*	darüber hinaus, oben
ūsque *Adv.*	ohne Unterbrechung

8

nēve/neu	oder nicht, und nicht
-ve	oder

12

cūram adhibēre	Sorgfalt verwenden

94

1

sacrificium	Opfer
sīgnum	Merkmal, Zeichen; Statue
verbera, verberum *n Pl.*	Schläge

2

ūniversus, a, um	gesamt; *Pl.* alle (zusammen)
praesēns, praesentis	anwesend, gegenwärtig

5

explōrāre, explōrō	erforschen
immolāre, immolō	opfern
vindicāre, vindicō	beanspruchen, bestrafen; in *m. Akk.* vorgehen gegen

appārēre, appāreō, appāruī	erscheinen, sich zeigen
ārdēre, ārdeō, ārsī	brennen
cōnsuēscere, cōnsuēscō, cōnsuēvī, cōnsuētum	sich gewöhnen an; *Perf.* gewohnt sein
ēdere, ēdō, ēdidī, ēditum	herausgeben, bekanntmachen
īnsequī, īnsequor, īnsecūtus sum	unmittelbar folgen, verfolgen
interest *(m. Gen.)*	es ist wichtig (für jmd.)
meminisse, meminī *Perf. m. Gen./Akk.*	sich erinnern; *m. AcI.* daran denken
ōdisse, ōdī *Perf.*	hassen

6

post *Adv.*	dann, später
rūrsus *Adv.*	wieder

10

adversus *m. Akk.*	gegen

95

1

forma	Form, Gestalt, Schönheit
dōs, dōtis *f*	Mitgift

ops, opis *f*	Hilfe, Kraft; *Pl.* Macht, Mittel, Reichtum
vīctus, vīctūs *m*	Lebensunterhalt, Lebensweise

2

---

incolumis, e	unverletzt, wohlbehalten
pauper, pauperis	arm

4

---

quattuor *indekl.*	vier
trēs, trēs, tria	drei

5

---

adiuvāre, adiuvō, adiūvī *m. Akk.*	unterstützen, helfen
impetrāre, impetrō	erreichen, durchsetzen
restāre, restō, restitī	übrigbleiben
cingere, cingō, cinxī, cinctum	umgeben, umzingeln
redūcere, redūcō, redūxī, reductum	zurückführen, zurückziehen
succurrere, succurrō, succurrī	zu Hilfe eilen
tribuere, tribuō, tribuī, tribūtum	schenken, zuteilen
dēficere, dēficiō, dēfēcī, dēfectum *(ā m. Abl.)*	abnehmen, ermatten; abfallen (von)

ēicere, ēiciō, ēiēcī, ēiectum	hinauswerfen, vertreiben
subicere, subiciō, subiēcī, subiectum	darunterlegen, unterwerfen
fierī, fīō, factus sum	gemacht werden; geschehen, werden
	6
minus *Adv.*	weniger
	9
tametsī *Subj.*	obwohl, wenn auch
	12
fierī dē *m. Abl.*	gemacht werden aus
Vīrēs mē dēficiunt.	Die Kräfte gehen mir aus.

96

	1
taedium	Überdruss, Ekel
beātitūdō, beātitūdinis *f*	Glück(seligkeit)
cupiditās, cupiditātis *f* *(m. Gen.)*	Leidenschaft, (heftiges) Verlangen (nach)
nūmen, nūminis *n*	Gottheit, göttliches Wesen, göttlicher Wille
ōrdō, ōrdinis *m*	Ordnung, Reihe, Stand

cantus, cantūs *m*	Gesang
passus, passūs *m*	Schritt
faciēs, faciēī *f*	Gesicht, Aussehen
	2
prior, priōris	der erste, der frühere
suāvis, e	süß, angenehm
	5
cōnsīderāre, cōnsīderō	betrachten, bedenken
negāre, negō	leugnen, verneinen, verweigern
	6
aliquamdiū *Adv.*	eine Zeitlang
istīc *Adv.*	dort
paulō *Adv.*	(um) ein wenig
quī *Adv.*	wie
	10
prope *m. Akk.*	nahe bei
sub *m. Akk.*	nahe an ... heran, unter *(wohin?)*
	12
ex ōrdine	der Reihe nach
faciē ad faciem	von Angesicht zu Angesicht

97

1

anima	Atem, Leben
nātus/nāta	Sohn/Tochter
ferrum	Eisen; Waffe
magnitūdō, magnitūdinis *f*	Größe

2

scelerātus, a, um	verbrecherisch, schändlich; *Subst.* Verbrecher
praeceps, praecipitis	steil; schnell, überstürzt

5

sēdāre, sedō	beruhigen
accidere, accidō, accidī	geschehen, sich ereignen
excēdere, excēdō, excessī, excessum	hinausgehen, weggehen
prehendere, prehendō, prehendī, prehēnsum	ergreifen, nehmen
prōdūcere, prōdūcō, prōdūxī, prōductum	(vor)führen
vehere, vehō, vēxī, vectum	fahren, tragen, ziehen
vehī, vehor, vectus sum *m. Abl.*	sich fortbewegen, fahren (auf/mit)
morī, morior, mortuus sum	sterben

6

cottīdiē *Adv.*	täglich
male *Adv.*	schlecht, schlimm
simul	*Adv.* gleichzeitig, zugleich
	Subj. sobald

9

dum *Subj. m. Konj.*	wenn nur, (so lange) bis
sī *Subj.*	falls, wenn; ob

10

ob *m. Akk.*	wegen; für

12

cōnārī, sī *m. Konj.*	versuchen, ob
equō vehī	reiten
male accidit, quod	es trifft sich schlecht, dass

98

1

ecclēsia	Kirche
potentia	Macht
mundus	Welt(all)
monitum	Ermahnung
testis, testis *m/f*	Zeuge, Zeugin

2

rēgius, a, um	königlich

5

ligāre, ligō	binden
audēre, audeō, ausus sum	wagen
gaudēre, gaudeō, gāvīsus sum	sich freuen
solēre, soleō, solitus sum	gewohnt sein, gewöhnlich etwas tun
servīre, serviō	dienen, Sklave sein
absolvere, absolvō, absolvī, absolūtum	lösen, freisprechen
cōnfīdere, cōnfīdō, cōnfīsus sum	vertrauen
contemnere, contemnō, contempsī, contemptum	verachten, geringschätzen
interdīcere, interdīcō, interdīxī, interdictum (nē)	untersagen (dass)
revertī, revertor, revertī, reversum	zurückkehren
solvere, solvō, solvī, solūtum	(auf)lösen; bezahlen
arripere, arripiō, arripuī, arreptum	an sich reißen

6

sīcut *Adv.*	(so) wie

99

1

māteria	Grundstoff, Ursache
humus, humī *f*	Erdboden, Erde
aequor, aequoris *n*	Ebene, Fläche, Meer
sīdus, sīderis *n*	Stern, Sternbild
mōtus, mōtūs *m*	Bewegung

2

crēber, crēbra, crēbrum	häufig, zahlreich
subtīlis, e	fein, genau

5

iungere, iungō, iūnxī, iūnctum	verbinden, vereinigen
prōferre, prōferō, prōtulī, prōlātum	hervorbringen, bekanntmachen, zur Sprache bringen
efferre, efferō, extulī, ēlātum	herausheben, hervorbringen

6

palam *Adv.*	bekannt, in aller Öffentlichkeit

sānē *Adv.*	allerdings, gewiss; meinetwegen
vērum *Adv.*	aber, sondern

7

quā	wie, wo, wohin

12

fidem habēre *m. Dat.*	jmd. vertrauen
idōneus est, quī *m. Konj.*	er ist geeignet/fähig zu *(m. Inf.)*
nōn habeō, quod *m. Konj.*	ich habe keinen Grund dafür, dass
nōn is est, quī *m. Konj.*	er ist nicht der Mann, der
sunt, quī *m. Konj.*	es gibt Leute, die
quis est, quī *m. Konj.*	wen gibt es, der

100

1

ōra	Küste
sōlācium	Trost(mittel)
migrātiō, migrātiōnis *f*	Wanderung

2

postrēmus, a, um	der letzte
rārus, a, um	selten, vereinzelt
suprēmus, a, um	der höchste, der letzte, der oberste

	4
septuāgintā *indekl.*	siebzig
	5
libet, libuit	es gefällt
nītī, nītor, nīxus (nīsus) sum *(m. Abl.)*	sich stützen (auf); streben nach
praemittere, praemittō, praemīsī, praemissum	vorausschicken
reddere, reddō, reddidī	zurückgeben, etwas zukommen lassen *(m. dopp. Akk.)* machen zu
obīre, obeō, obiī	entgegengehen, übernehmen
auferre, auferō, abstulī, ablātum	rauben, wegbringen
	6
multō *Adv.*	(um) viel
	9
quō *m. Komparativ u. Konj.*	damit umso
quodsī	wenn aber, wenn nun
	12
nihil nisī	nichts außer, nichts als, nur
suprēmum diem obīre	sterben

101

1

doctrīna	Unterricht, Wissenschaft, Lehre
aes, aeris *n*	Erz, Geld
arx, arcis *f*	Burg
mercēs, mercēdis *f*	Lohn
nōbilitās, nōbilitātis *f*	Adel, vornehme Abstammung
rūs, rūris *n*	Feld, Land *(im Gegensatz zur Stadt)*, Landgut
lacus, lacūs *m*	See, Teich

2

positus, a, um	gelegen *(bei Ortsangaben)*
mīlitāris, e	Kriegs-, militärisch

5

quīre, queō, quīvī (quiī)	können

6

rūrī *Adv.*	auf dem Land *(wo?)*
ultrō citrōque *Adv.*	hinüber und herüber

9

ut	*Subj. m. Ind.* sobald, sooft *Subj. m. Konj.* dass, sodass, damit; angenommen dass, wenn auch

12

aes aliēnum	Schulden
summus mōns	Gipfel des Berges

102

1

tergum	Rücken
libīdō, libīdinis *f (m. Gen.)*	(heftiges) Verlangen (nach), Lust, Willkür
anus, anūs *f*	alte Frau

2

cognātus, a, um	verwandt

5

haerēre, haereō, haesī	hängen, steckenbleiben
miscēre, misceō, miscuī, mixtum	mischen, verwirren
fluere, fluō, flūxī	fließen
lābī, lābor, lāpsus sum	(dahin)gleiten
subdūcere, subdūcō, subdūxī, subductum	hinaufziehen, wegnehmen
recipere, recipiō, recēpī, receptum	aufnehmen, wiederbekommen, zurücknehmen

superesse, supersum, superfuī	überleben, übrig sein

12

ēdere in lūcem	ans Tageslicht bringen, zur Welt bringen
tergum dare *m. Dat.*	jmd. den Rücken zukehren

103

1

commodum	Bequemlichkeit, Vorteil
fātum	Götterspruch, Schicksal
indicium	Anzeige, Kennzeichen
fūnus, fūneris *n*	Begräbnis, Untergang

2

mātūrus, a, um	(früh)zeitig, reif
tacitus, a, um	lautlos, still, verschwiegen

5

mentīrī, mentior, mentītus sum	lügen, ein Lügner sein
mūnīre, mūniō, mūnīvī, mūnītum	bauen, befestigen, schützen

6

vulgō *Adv.*	allgemein, gewöhnlich

9

sīve/seu	oder, oder wenn

12

aequē ac/atque	ebenso wie
rēs secundae	Glück

Stammformen wichtiger Verben

Die folgende Liste enthält diejenigen Verben mit „unregelmäßiger" Perfektbildung, zu denen in **Latein mit Felix** Perfekt- (und PPP-) Formen vorkommen.
Die aktiven Verben sind nach ihrer Zugehörigkeit zu den verschiedenen Konjugationsklassen aufgeführt, dann folgen die Deponentien und andere „schwierige" Verben.
Innerhalb der Konjugationsklassen sind die Verben nach der Art ihrer Perfektbildung (also **v-**, **u-**, **s-**Perfekt usw.) zusammengestellt, und zwar in alphabetischer Reihenfolge; Komposita stehen unmittelbar beim jeweiligen Verbum simplex (z. B. **promittere** bei **mittere**).
Durch diese Anordnung fallen euch gleich bzw. ähnlich gebildete Stammformen stärker ins Auge und ihr könnt sie euch besser einprägen.
Kursivgesetzte Stammformen gehören in **Latein mit Felix** nicht zum Lernwortschatz, sind aber hier der Vollständigkeit halber mit aufgeführt und sollten mitgelernt werden.
Nicht aufgeführt sind die als „regelmäßig" geltenden Verben der **ā**- und **ī**-Konjugation mit **v**-Perfekt sowie der **ē**-Konjugation mit **u**-Perfekt (und PPP auf **–itum**), z. B.:

vocāre	**vocō, vocāvī, vocātum** rufen, nennen, benennen
audīre	**audiō, audīvī, audītum** hören
monēre	**moneō, monuī, monitum** (er)mahnen

Verben der ā-Konjugation

u-Perfekt

vetāre vetō, vetuī
verbieten

Dehnungsperfekt

iuvāre iuvō, iūvī
unterstützen, erfreuen

adiuvāre adiuvō, adiūvī
m. Akk. unterstützen, helfen

Reduplikationsperfekt

dare dō, dedī, *datum*
geben

circumdare circumdō, circumdedī, *circumdatum*
umgeben

stāre stō, stetī, *stātūrum*
stehen

cōnstāre cōnstō, cōnstitī
kosten

īnstāre	īnstō, īnstitī bevorstehen, hart zusetzen	
praestāre	praestō, praestitī *m. Akk.* gewähren, leisten, zeigen *m. Dat.* jmd. übertreffen	
restāre	restō, restitī übrigbleiben	

Verben der ē-Konjugation

v-Perfekt	
complēre	compleō, complēvī, complētum anfüllen
flēre	fleō, flēvī beklagen, (be)weinen

u-Perfekt	
cēnsēre	cēnseō, cēnsuī, cēnsum *(m. Akk.)* meinen, einschätzen; seine Stimme abgeben (für jmd./etw.)
docēre	doceō, docuī, doctum lehren, unterrichten
miscēre	misceō, miscuī, mixtum mischen, verwirren
tenēre	teneō, *tenuī, tentum* halten, festhalten, besitzen
continēre	contineō, continuī, contentum festhalten, hemmen; *Pass.* enthalten sein, beruhen (auf etw.)
obtinēre	obtineō, *obtinuī, obtentum* (in Besitz) haben, (besetzt) halten

pertinēre	pertineō, *pertinuī, pertentum* *(ād m. Akk.)* betreffen, gehören (zu), sich erstrecken (bis)
retinēre	retineō, *retinuī, retentum* zurückhalten, behalten, festhalten
sustinēre	sustineō, *sustinuī, sustentum* ertragen, standhalten

s-Perfekt

ārdēre	ārdeō, ārsī brennen
augēre	augeō, auxī, auctum vergrößern, vermehren
haerēre	haereō, haesī hängen, steckenbleiben
iubēre	iubeō, iussī, *iussum* *(m. Akk.)* anordnen, befehlen
manēre	maneō, mānsī bleiben, (er)warten
remanēre	remaneō, remānsī (zurück)bleiben
persuādēre	persuādeō, persuāsī, persuāsum *m. Dat.* überreden, überzeugen

rīdēre	rīdeō, rīsī, *rīsum* lachen, auslachen
dērīdēre	dērīdeō, dērīsī, dērīsum auslachen, verspotten
torquēre	torqueō, torsī drehen, schleudern, quälen

Dehnungsperfekt

cavēre	caveō, cāvī, cautum *m. Akk.* sich hüten (vor), Vorsorge treffen
movēre	moveō, mōvī, mōtum bewegen
commovēre	commoveō, commōvī, commōtum bewegen, veranlassen
permovēre	permoveō, permōvī, permōtum beunruhigen, veranlassen
sedēre	sedeō, sēdī, sessum sitzen
possidēre	possideō, *possēdī, possessum* besitzen

vidēre videō, vīdī, *vīsum*
sehen

prōvidēre prōvideō, prōvīdī, prōvīsum
m. Akk. vorhersehen
m. Dat. sorgen für

Reduplikationsperfekt

pendēre pendeō, pependī
(herab)hängen, schweben

respondēre respondeō, respondī, *respōnsum*
antworten, entsprechen

Verben der ī-Konjugation

u-Perfekt

aperīre aperiō, aperuī, apertum
aufdecken, öffnen

dēsilīre dēsiliō, dēsiluī
herabspringen

s-Perfekt

sentīre sentiō, sēnsī, *sēnsum*
fühlen, meinen, wahrnehmen

vincīre vinciō, vīnxī, vīnctum
fesseln, binden

Dehnungsperfekt

venīre veniō, vēnī, *ventum*
kommen

circumvenīre circumveniō, circumvēnī, circumventum
umringen, umzingeln

convenīre conveniō, convēnī, conventum
zusammenkommen, zusammenpassen; besuchen, treffen

ēvenīre	ēveniō, ēvēnī, ēventum sich ereignen
invenīre	inveniō, invēnī, inventum finden, erfinden
pervenīre	perveniō, pervēnī, *perventum* (ad/in *m. Akk.)* kommen zu/nach

Reduplikationsperfekt

reperīre	reperiō, repperī, repertum (wieder)finden
comperīre	comperiō, comperī, compertum (genau) erfahren

Verben der konsonantischen Konjugation

v-Perfekt

arcessere	arcessō, arcessīvī, arcessītum herbeirufen, holen
cernere	cernō, *crēvi* sehen, bemerken
dēcernere	dēcernō, dēcrēvī beschließen, entscheiden
cōnsuēscere	cōnsuēscō, cōnsuēvī, cōnsuētum sich gewöhnen an *Perf.* gewohnt sein
crēscere	crēscō, crēvī wachsen
nōscere	nōscō, nōvī, nōtum erkennen, kennenlernen
cognōscere	cognōscō, cognōvī, cognitum erkennen, kennenlernen *Perf.* kennen, wissen
īgnōscere	īgnōscō, īgnōvī, īgnōtum verzeihen
petere	petō, petīvī, *petītum* (auf)suchen, (er)streben, bitten, verlangen

appetere	appetō, *appetīvī, appetītum* haben wollen, erstreben
repetere	repetō, repetīvī, repetītum wiederholen, (zurück)verlangen
quaerere	quaerō, quaesīvī, quaesītum *(ex/dē m. Abl.)* suchen; erwerben wollen; (jmd.) fragen
requīrere	requīrō, requīsīvī, requīsītum aufsuchen, sich erkundigen, verlangen
quiēscere	quiēscō, quiēvī (aus)ruhen, schlafen
sinere	sinō, sīvī, situm lassen, erlauben
dēsinere	dēsinō, *dēsīvī, dēsitum* aufhören

u-Perfekt

alere	alō, aluī ernähren, großziehen
colere	colō, coluī, cultum bewirtschaften, pflegen; verehren

cōnsulere	cōnsulō, cōnsuluī, cōnsultum *m. Akk.* um Rat fragen *m. Dat.* sorgen für in *m. Akk.* vorgehen gegen
dēserere	dēserō, dēseruī, dēsertum im Stich lassen, verlassen
pōnere	pōnō, posuī, positum (auf)stellen, (hin)legen, setzen
compōnere	compōnō, composuī, compositum verfassen, ordnen; beenden; vergleichen
dēpōnere	dēpōnō, dēposuī, *dēpositum* niederlegen, ablegen
impōnere	impōnō, imposuī, impositum auferlegen, einsetzen
prōpōnere	prōpōnō, prōpōsuī, prōpositum darlegen, in Aussicht stellen

s-Perfekt

cēdere	cēdō, cessī, cessum gehen, weichen; nachgeben
accēdere	accēdō, accessī, *accessum* herbeikommen, hinzukommen

concēdere	concēdō, concessī, *concessum* erlauben, nachgeben, zugestehen
dēcēdere	dēcēdō, dēcessī, dēcessum weggehen; sterben
discēdere	discēdō, discessī, *discessum* weggehen, auseinandergehen
excēdere	excēdō, excessī, excessum hinausgehen, weggehen
incēdere	incēdō, incessī, *incessum* *(m. Akk.)* heranrücken, eintreten; (jmd.) befallen
prōcēdere	prōcēdō, *prōcēdī, prōcessum* (vorwärts)gehen, vorrücken
succēdere	succēdō, successī, successum (nach)folgen, nachrücken
cingere	cingō, cinxī, cinctum umgeben, umzingeln
claudere	claudō, clausī, clausum abschließen, einschließen
contemnere	contemnō, contempsī, contemptum verachten, geringschätzen

dīcere	dīcō, dīxī, dictum sagen, sprechen; (be)nennen *m. dopp. Akk.* nennen, bezeichnen (als)
interdīcere	interdīcō, interdīxī, interdictum (nē) untersagen (dass
dīvidere	dīvidō, dīvīsī, dīvīsum teilen, trennen
dūcere	dūcō, dūxī, *ductum* führen, ziehen *m. dopp. Akk.* halten für
abdūcere	abdūcō, abdūxī, ***abductum*** wegführen
addūcere	addūcō, addūxī, adductum heranführen, veranlassen
condūcere	condūcō, condūxī, conductum zusammenführen, anwerben, mieten
dēdūcere	dēdūcō, dēdūxī, dēductum hinführen, wegführen
ēdūcere	ēdūcō, ēdūxī, *ēductum* herausführen
indūcere	indūcō, indūxī, inductum (hin)einführen, verleiten

prōdūcere	prōdūcō, prōdūxī, *prōductum* (vor)führen
redūcere	redūcō, redūxī, reductum zurückführen, zurückziehen
subdūcere	subdūcō, subdūxī, subductum hinaufziehen, wegnehmen
trādūcere	trādūcō, trādūxī, trāductum *(m. Akk.)* hinüberführen (über)
exstinguere	exstinguō, exstīnxī, exstīnctum auslöschen, vernichten
fīgere	fīgō, fīxī, fīxum heften, befestigen
fingere	fingō, fīnxī, fictum gestalten, sich (etwas) ausdenken
flectere	flectō, flexī, flexum biegen, (hin)lenken, umstimmen
fluere	fluō, flūxī fließen
gerere	gerō, gessī, gestum tragen, ausführen, führen
īnstruere	īnstruō, īnstrūxī, īnstrūctum aufstellen, ausrüsten, unterrichten

invādere	invādō, invāsī, invāsum eindringen, sich verbreiten; befallen
iungere	iungō, iūnxī, iūnctum verbinden, vereinigen
adiungere	adiungō, adiūnxī, adiūnctum hinzufügen, anschließen
coniungere	coniungō, coniūnxī, coniūnctum verbinden, vereinigen
laedere	laedō, laesī, laesum beschädigen, verletzen
[legere]	
dīligere	dīligō, dīlēxī, dīlēctum hochachten, lieben
intellegere	intellegō, intellēxī, *intellēctum* (be)merken, verstehen
neglegere	neglegō, neglēxī, neglēctum nicht (be)achten, vernachlässigen
lūdere	lūdō, lūsī spielen, scherzen
mittere	mittō, mīsī, missum (los)lassen, schicken; werfen
admittere	admittō, admīsī, admissum hinzuziehen, zulassen

āmittere	āmittō, āmīsī, *āmissum* aufgeben, verlieren
committere	committō, commīsī, commissum anvertrauen; veranstalten, zustande bringen
dēmittere	dēmittō, dēmīsī, *dēmissum* hinabschicken, sinken lassen
ēmittere	ēmittō, ēmīsī, ēmissum entsenden, freilassen
dīmittere	dīmittō, dīmīsī, dīmissum wegschicken, entlassen, aufgeben
omittere	omittō, omīsī, omissum aufgeben, beiseitelassen
permittere	permittō, permīsī, *permissum* erlauben, überlassen
praemittere	praemittō, praemīsī, praemissum vorausschicken
prōmittere	prōmittō, prōmīsī, *prōmissum* versprechen
remittere	remittō, remīsī, remissum zurückschicken; nachlassen, vermindern
nūbere	nūbō, nūpsī, nūpta *m. Dat.* (jmd.) heiraten

premere	premō, pressī, pressum (unter)drücken, bedrängen
opprimere	opprimō, oppressī, oppressum bedrohen, niederwerfen, unterdrücken
regere	regō, rēxī, *rēctum* beherrschen, leiten, lenken
corrigere	corrigō, corrēxī, corrēctum berichtigen, verbessern
pergere	pergō, perrēxī, *perrēctum* aufbrechen; weitermachen
surgere	surgō, surrēxī, surrēctum sich erheben, aufstehen
scrībere	scrībō, scrīpsī, scrīptum schreiben, beschreiben
cōnscrībere	cōnscrībō, cōnscrīpsī, cōnscrīptum aufschreiben, verfassen
spargere	spargō, sparsī, sparsum ausstreuen, bespritzen, verbreiten
sūmere	sūmō, sūmpsī, sūmptum nehmen

cōnsūmere	cōnsūmō, cōnsūmpsī, cōnsūmptum verbrauchen, verwenden
tegere	tegō, tēxī, tēctum bedecken, schützen, verbergen
trahere	trahō, trāxī, tractum schleppen, ziehen
vehere	vehō, vēxī, vectum fahren, tragen, ziehen
vīvere	vīvō, vīxī, vīctūrum leben

Dehnungsperfekt

agere	agō, ēgī, āctum handeln, treiben, verhandeln
cōgere	cōgō, coēgī, coāctum (ver)sammeln, zwingen
exigere	exigō, exēgī, exāctum (ein)fordern, vollenden
subigere	subigō, subēgī, subāctum zwingen, unterwerfen

cōnsīdere	cōnsīdō, cōnsēdī, cōnsessum sich setzen, sich niederlassen
emere	emō, ēmī, ēmptum kaufen
frangere	frangō, frēgī, frāctum zerbrechen *(trans.)*
fundere	fundō, fūdī, fūsum (aus)gießen, zerstreuen
legere	legō, lēgī, lēctum lesen
colligere	colligō, collēgī, collēctum sammeln
dēligere	dēligō, dēlēgī, dēlēctum (aus)wählen
relinquere	relinquō, relīquī, relictum zurücklassen, verlassen
rumpere	rumpō, rūpī, ruptum zerbrechen
corrumpere	corrumpō, corrūpī, corruptum bestechen, verderben
vincere	vincō, vīcī, victum (be)siegen, übertreffen *m. Abl.* übertreffen an

cadere	cadō, cécidī, *cāsum* fallen
accidere	accidō, accidī geschehen, sich ereignen
occidere	occidō, occidī umkommen, untergehen
caedere	caedō, cecīdī, caesum fällen, niederschlagen
occīdere	occīdō, occīdī, occīsum niederschlagen, töten
canere	canō, cecinī, cantātum singen, besingen, (ein Instrument) spielen
currere	currō, cucurrī, *cursum* eilen, laufen
occurrere	occurrō, occurrī, *occursum* begegnen, entgegentreten
succurrere	succurrō, succurrī, *succursum* zu Hilfe eilen
[dare]	
addere	addō, addidī, additum hinzufügen

condere	condō, condidī, conditum verwahren, verbergen; erbauen, gründen
crēdere	crēdō, crēdidī, crēditum anvertrauen, glauben
dēdere	dēdō, dēdidī, dēditum ausliefern, übergeben
ēdere	ēdō, ēdidī, ēditum herausgeben, bekanntmachen
perdere	perdō, perdidī, perditum verlieren, verschwenden; zugrunde richten
prōdere	prōdō, prōdidī, prōditum überliefern, verraten
reddere	reddō, reddidī, *redditum* zurückgeben, etwas zukommen lassen *m. dopp. Akk.* machen zu
trādere	trādō, trādidī, trāditum übergeben, überliefern
vendere	vendō, vendidī, venditum verkaufen
discere	discō, didicī lernen, erfahren

fallere	fallō, fefellī täuschen, betrügen
parcere	parcō, pepercī *m. Dat.* schonen, sparen
pellere	pellō, pepulī, pulsum stoßen, schlagen, (ver)treiben
expellere	expellō, expulī, expulsum vertreiben, verbannen
impellere	impellō, impulī, impulsum antreiben, veranlassen
repellere	repellō, reppulī, repulsum zurückstoßen, abweisen, vertreiben
pōscere	pōscō, popōscī fordern, verlangen
[sistere]	
cōnsistere	cōnsistō, cōnstitī haltmachen, sich aufstellen
dēsistere	dēsistō, dēstitī (ab/ā *m. Abl.)* aufhören (mit)
resistere	resistō, restitī stehenbleiben; Widerstand leisten

tangere tangō, tétigī, *tāctum*
berühren

attingere attingō, *attigī, attāctum*
berühren

contingere contingō, contigī, contāctum
berühren; gelingen

tendere tendō, tetendī, tentum
spannen, (aus)strecken, sich anstrengen

contendere contendō, contendī
behaupten *(m. AcI)*; kämpfen, sich anstrengen; eilen

ostendere ostendō, ostendī
zeigen, erklären

tollere tollō, sustulī, sublātum
aufheben, in die Höhe heben, wegnehmen

Perfekt ohne Stammveränderung

bibere bibō, bibī
trinken

[candere]
accendere accendō, accendī, accēnsum
anfeuern, anzünden

incendere	incendō, incendī, incēnsum entflammen, in Brand stecken
dēfendere	dēfendō, dēfendī, *dēfēnsum* abwehren, verteidigen
induere	induō, induī, indūtum anziehen, anlegen
metuere	metuō, metuī (sich) fürchten
prehendere	prehendō, prehendī, prehēnsum ergreifen, nehmen
comprehendere	comprehendō, comprehendī, comprehēnsum ergreifen, festnehmen, begreifen
reprehendere	reprehendō, reprehendī, reprehēnsum kritisieren, schimpfen
ruere	ruō, ruī, ruitūrum eilen, stürmen, (ein)stürzen
[scandere]	
ascendere	ascendō, ascendī, ascēnsum hinaufsteigen, besteigen
dēscendere	dēscendō, dēscendī herabsteigen

solvere	solvō, solvī, solūtum (auf)lösen; bezahlen
absolvere	absolvō, absolvī, absolūtum lösen, freisprechen
statuere	statuō, statuī, statūtum aufstellen, beschließen, festsetzen
cōnstituere	cōnstituō, cōnstituī, constitūtum beschließen
īnstituere	īnstituō, īnstituī, īnstitūtum beginnen, einrichten, unterrichten
restituere	restituō, restituī, restitūtum wiederherstellen
tribuere	tribuō, tribuī, tribūtum schenken, zuteilen
vertere	vertō, vertī, versum drehen, wenden
animadvertere	animadvertō, animadvertī, animadversum *m. AcI / Akk.* bemerken in *m. Akk.* vorgehen gegen
āvertere	āvertō, āvertī, āversum abwenden, vertreiben

convertere — convertō, convertī, conversum
verändern, (um)wandeln, verwandeln

vīsere — vīsō, vīsī, vīsum
besichtigen, besuchen

volvere — volvō, volvī, volūtum
rollen, wälzen; überlegen

Verben der konsonantischen Konjugation (mit ĭ-Erweiterung)

v-Perfekt

cupere	cupiō, cupīvī verlangen, wünschen, wollen
sapere	sapiō Verstand haben, Geschmack haben

u-Perfekt

rapere	rapiō, rapuī, raptum rauben, wegführen, wegreißen
arripere	arripiō, arripuī, arreptum an sich reißen
corripere	corripiō, corripuī, correptum ergreifen, gewaltsam an sich reißen
ēripere	ēripiō, ēripuī, ēreptum entreißen

s-Perfekt

aspicere	aspiciō, aspexī, *aspectum* erblicken

cōnspicere	cōnspiciō, cōnspexī, *cōnspectum* erblicken
perspicere	perspiciō, perspexī, perspectum durchschauen, erkennen, genau betrachten, sehen
prōspicere	prōspiciō, prōspexī, prōspectum schauen auf, sehen
respicere	respiciō, respexī, respectum zurückblicken, berücksichtigen

Dehnungsperfekt

capere	capiō, cēpī, captum fassen, nehmen, erhalten; erobern
accipere	accipiō, accēpī, acceptum erhalten, annehmen, erfahren
dēcipere	dēcipiō, dēcēpī, dēceptum täuschen
excipere	excipiō, excēpī, exceptum ausnehmen, aufnehmen, empfangen
incipere	incipiō, coepī (incēpī), inceptum anfangen, beginnen
praecipere	praecipiō, praecēpī, praeceptum (be)lehren, vorschreiben

recipere	recipiō, recēpī, receptum aufnehmen, wiederbekommen, zurücknehmen
suscipere	suscipiō, suscēpī, susceptum *m. Akk.* auf sich nehmen, sich (einer Sache) annehmen, unternehmen
facere	faciō, fēcī, factum machen, tun, handeln *m. dopp. Akk.* machen zu
afficere	afficiō, affēcī, affectum *m. Abl.* versehen mit
cōnficere	cōnficiō, cōnfēcī, cōnfectum fertigmachen, beenden
dēficere	dēficiō, dēfēcī, dēfectum *(ā m. Abl.)* abnehmen, ermatten; abfallen (von)
efficere	efficiō, effēcī, effectum bewirken, herstellen
interficere	interficiō, interfēcī, interfectum töten, vernichten
perficere	perficiō, perfēcī, perfectum erreichen, fertigstellen, vollenden
fugere	fugiō, fūgī fliehen, meiden

effugere	effugiō, effūgī *m. Akk.* entfliehen, entkommen

[icere]

adicere	adiciō, adiēcī, adiectum hinzufügen
conicere	coniciō, coniēcī, coniectum (zusammen)werfen; folgern, vermuten
ēicere	ēiciō, ēiēcī, ēiectum hinauswerfen, vertreiben
obicere	obiciō, obiēcī, obiectum darbieten, vorwerfen
subicere	subiciō, subiēcī, subiectum darunterlegen, unterwerfen

Reduplikationsperfekt

parere	pariō, peperī, partum zur Welt bringen; erwerben, schaffen

Deponentien

arbitrārī	arbitror, arbitrātus sum glauben, meinen
cōnārī	cōnor, cōnātus sum versuchen
hortārī	hortor, hortātus sum auffordern, ermahnen
imitārī	imitor, imitātus sum nachahmen
mīrārī	mīror, mīrātus sum bewundern, sich wundern
morārī	moror, morātus sum (sich) aufhalten
opīnārī	opīnor, opīnatus sum glauben, meinen
precārī	precor, precātus sum bitten
suspicārī	suspicor, suspicātus sum vermuten, ahnen
versārī	versor, versātus sum sich aufhalten, sich befinden
fatērī	fateor, fassus sum bekennen, gestehen

cōnfitērī	cōnfiteor, cōnfessus sum (ein)gestehen
pollicērī	polliceor, pollicitus sum versprechen
rērī	reor, ratus sum meinen
tuērī	tueor *m. Akk.* betrachten, schützen, *(milit.)* sichern, sorgen für
intuērī	intueor anschauen
verērī	vereor, veritus sum fürchten, sich scheuen; verehren
vidērī	videor, vīsus sum scheinen, gelten (als)
experīrī	experior, expertus sum erfahren, versuchen
mentīrī	mentior, mentītus sum lügen, ein Lügner sein
mōlīrī	mōlior, mōlītus sum (an)treiben; planen, unternehmen
orīrī	orior, ortus sum entstehen, sich erheben

īrāscī	īrāscor, *īrātus sum* *(m. Dat.)* in Zorn geraten, zornig sein (gegen)
lābī	lābor, lāpsus sum (dahin)gleiten
loquī	loquor, locūtus sum reden, sprechen
nāscī	nāscor, nātus sum entstehen, geboren werden
nītī	nītor, nīxus (nīsus) sum *(m. Abl.)* sich stützen (auf); streben nach
oblīvīscī	oblīvīscor, oblītus sum *(m. Gen.)* vergessen
proficīscī	proficīscor, profectus sum (ab)reisen, aufbrechen
querī	queror, questus sum *(m. Akk.)* klagen; sich beklagen (über)
sequī	sequor, secūtus sum *m. Akk.* folgen
cōnsequī	cōnsequor, cōnsecūtus sum erreichen, nachfolgen
īnsequī	īnsequor, īnsecūtus sum unmittelbar folgen, verfolgen

persequī	persequor, persecūtus sum verfolgen
ūtī	ūtor, ūsus sum *m. Abl.* benützen, gebrauchen
vehī	vehor, vectus sum *m. Abl.* sich fortbewegen, fahren (auf/mit)
[gradī]	
aggredī	aggredior, aggressus sum angreifen, herangehen
ēgredī	ēgredior, ēgressus sum herausgehen, verlassen
ingredī	ingredior, ingressus sum betreten, beginnen
prōgredī	prōgredior, prōgressus sum vorrücken, weitergehen
morī	morior, mortuus sum sterben
patī	patior, passus sum (er)leiden, ertragen, zulassen

Semideponentien

audēre	audeō, ausus sum wagen
gaudēre	gaudeō, gāvīsus sum *(m. Abl.)* sich freuen (über)
solēre	soleō, solitus sum gewohnt sein, gewöhnlich etwas tun
cōnfīdere	cōnfīdō, cōnfīsus sum vertrauen
revertī	revertor, revertī, reversum zurückkehren

Andere Verben

esse	sum, fuī sein, sich befinden futūrum esse (fore) sein werden
abesse	absum, *āfuī* *(ā m. Ab.)* abwesend sein (von), fehlen
adesse	adsum, adfuī da sein; helfen

dēesse	**dēsum, dēfuī** abwesend sein, fehlen
inesse	**īnsum, īnfuī** enthalten sein, innewohnen
interesse	**intersum, interfuī** dazwischen sein *(m. Dat.)* teilnehmen (an)
posse	**possum, potuī** können
praeesse	**praesum, praefuī** *m. Dat.* an der Spitze stehen, leiten
prōdesse	**prōsum, prōfuī** nützen, nützlich sein
superesse	**supersum, superfuī** überleben, übrig sein
ferre	**ferō, tulī, lātum** bringen, tragen; ertragen
afferre	**afferō, attulī, allātum** bringen, herbeibringen, mitbringen; melden
auferre	**auferō, abstulī, ablātum** rauben, wegbringen

cōnferre	cōnferō, cōntulī, collātum vergleichen, zusammentragen
dēferre	dēferō, dētulī, dēlātum hinbringen, melden, übertragen
differre	differō, distulī, dilātum *(ā m. Abl.)* aufschieben; sich unterscheiden (von)
efferre	efferō, extulī, ēlātum herausheben, hervorbringen
īnferre	īnferō, īntulī, illātum hineintragen, zufügen
offerre	offerō, obtulī, oblātum anbieten, entgegenbringen
perferre	perferō, pertulī, perlātum (über)bringen, ertragen
praeferre	praeferō, praetulī, praelātum vorziehen
prōferre	prōferō, prōtulī, prōlātum hervorbringen, bekanntmachen, zur Sprache bringen
referre	referō, rettulī, relātum (zurück)bringen, berichten

īre	eō, iī, itum gehen
abīre	abeō, abiī, abitum weggehen
adīre	adeō, adiī, aditum *(m. Akk.)* herantreten (an), bitten
exīre	exeō, exiī, exitum herausgehen
inīre	ineō, iniī, initum hineingehen, beginnen
obīre	obeō, obiī, *obitum* entgegengehen, übernehmen
perīre	pereō, periī, *peritum* umkommen, zugrunde gehen
praeterīre	praetereō, praeteriī, praeteritum vorbeigehen, übergehen
prōdīre	prōdeō, prōdiī, prōditum (öffentlich) auftreten, sich zeigen
redīre	redeō, rediī, reditum zurückgehen, zurückkehren
subīre	subeō, subiī, subitum auf sich nehmen, herangehen

trānsīre	**trānseō, trānsiī, trānsitum** überschreiten, durchqueren, hinübergehen
velle	**volō, voluī** wollen
mālle	**mālō, māluī** lieber wollen
nōlle	**nōlō, nōluī** nicht wollen
fierī	**fīō, factus sum** gemacht werden; geschehen, werden
meminisse	**meminī** *Perf.* sich erinnern *m. Gen. / Akk.* *m. AcI.* daran denken
nō(vi)sse	**nōvī** *Perf.* kennen, wissen
ōdisse	**ōdī** *Perf.* hassen